中国教育后勤协会思想文化建设与人力资源管理丛书

高校后勤劳动纠纷案例分析

主　编　刘睿博　赵　欣　王艳杰
副主编　袁洪君　孙婷婷　崔　凯
主　审　赵士刚

HEUP 哈爾濱工程大學出版社

内容简介

随着劳动者权益保护意识日益增强，高校后勤用工纠纷逐年递增，给高校后勤经营管理带来巨大的挑战。本书是由中国教育协会思想文化与人力资源管理专业委员会牵头、以哈尔滨工程大学后勤集团人力资源管理者为主体编著的，从高校人力资源管理角度出发，内容覆盖高校后勤用工的各个环节，针对可能涉及的员工招聘、试用期、劳动合同的履行、劳动合同的续签和解除、社会保险、工伤事故、劳务派遣等方面近80余个有代表性的案例进行分析，并按照相关法律规定给出法律处理建议。

本书针对劳动纠纷以案说法，特别是将法律条文和实际管理经验进行有机融合，是一本具有实践借鉴价值的参考用书，在高校后勤人力资源管理工作方面具有前瞻性和开创性。

图书在版编目(CIP)数据

高校后勤劳动纠纷案例分析 / 刘睿博，赵欣，王艳杰主编. -- 哈尔滨：哈尔滨工程大学出版社，2016.8

ISBN 978-7-5661-1311-5

Ⅰ. ①高… Ⅱ. ①刘… ②赵… ③王… Ⅲ. ①高等学校-后勤管理-劳动争议-案例-中国 Ⅳ. ①D922.591.5

中国版本图书馆CIP数据核字(2016)第161877号

选题策划 卢尚坤
责任编辑 张忠远 马佳佳
封面设计 恒润设计

出版发行 哈尔滨工程大学出版社
社　　址 哈尔滨市南岗区东大直街124号
邮政编码 150001
发行电话 0451-82519328
传　　真 0451-82519699
经　　销 新华书店
印　　刷 黑龙江龙江传媒有限责任公司
开　　本 787mm×1 092mm　1/16
印　　张 10
字　　数 265千字
版　　次 2016年8月第1版
印　　次 2016年8月第1次印刷
定　　价 28.00元
http://www.hrbeupress.com
E-mail:heupress@hrbeu.edu.cn

序　　言

自1999年国务院办公厅召开的第一次全国高校后勤社会化改革工作会议以来，高校后勤工作发生了深刻的变化。高校后勤的保障能力、运行效率和服务质量显著提高，市场机制在后勤资源配置中的作用逐步增强。《国家中长期教育改革和发展规划纲要》(2010—2020年)将"推进高校后勤社会化改革"作为完善中国特色现代大学制度的具体要求。党的十八届三中全会通过的《中共中央关于全面深化改革若干重大问题的决定》(以下简称《决定》)，提出要加快完善现代市场体系，建设统一开放、竞争有序的市场体系，使市场在资源配置中起决定性作用。《决定》提出，要深化教育领域综合改革。按照《决定》的精神，在高校后勤服务领域，必须克服体制性障碍，努力建成有中国特色、与国家整体改革和教育领域综合改革目标相适应、与建立中国特色现代大学制度要求相符合、与社会第三产业相融通的高校后勤保障体系。

当前，以后勤社会化、市场化、专业化和现代化为基本目标的后勤改革逐步进入改革的深水区和攻坚期。高校后勤服务逐渐由高校"全包大揽"的"办后勤"为主，向"选后勤、管后勤"为主转变，后勤服务市场稳步有序开放，已具有较为明显的市场化特征。在这个转变过程中，社会化用工仍然是高校后勤服务的一个重要群体。他们或由高校聘用，或由高校注资成立的后勤服务企业聘用，或实行劳务派遣，从法律属性来说，他们是应当签订《劳动合同》、适用劳动法律制度进行管理并受到劳动法律权益保障的群体。但由于高校后勤部门受事业单位传统人事管理的影响，在劳动管理方面与社会有一定程度的脱节，在规范劳动用工管理、规避劳动法律风险方面能力不足，导致高校后勤用工纠纷逐年递增，给高校后勤经营管理带来了巨大的挑战和压力。在这种背景下，防范劳动用工的法律风险，减少因劳动用工造成的损失，已经成为当前高校后勤的重要研究课题和现实需求。

2015年，中共中央、国务院发布的《关于构建和谐劳动关系的意见》明确提出，要"实现劳动用工更加规范，职工工资合理增长，劳动条件不断改善，职工安全健康得到切实保障，社会保险全面覆盖，人文关怀日益加强，有效预防和化解劳动关系矛盾，建立规范有序、公正合理、互利共赢、和谐稳定的劳动关系"的目标，对高校后勤人力资源管理提出了更为严峻的挑战。

可喜的是，当前高校后勤部门逐渐意识到推进人力资源合法化、规范化、精细化管理的重要性，适应高校事业单位体制下人力资源管理的专业化人才也不断成长起来。相关的研究成果日益丰富，管理实践手段更加有效。

本书是由中国教育协会思想文化与人力资源管理专业委员会牵头、以哈尔滨工程大学后勤集团人力资源管理团队为主体编著的，从高校人力资源管理角度出发，选取了劳动争议纠纷中常见的试用期、订立劳动合同、劳务派遣、特殊用工关系、规章制度、无固定期限劳动合同、双倍工资、保密义务与竞业限制、劳动合同的解除与终止、社会保险等方面近80余个有代表性的案例进行分析，从法律规定和实务操作两个方面阐述了高校后勤部门在日常劳动管理及处理劳动争议纠纷中应当注意的法律问题，并按照相关法律规定给出专业处理建议，将法律条文和实际管理有机结合，以案说法，内容丰富，可读性强，在高校后勤人力资源管理工作方面具有前瞻性和开创性。

本书在编著过程中征求了诸多工作在法律一线和高校后勤人力资源管理人士的意见和建议，从而保证了本书的专业性。本书是一本具有实践借鉴价值，满足高校后勤人力资源管理现实需求的参考书。

“前车之鉴，后事之师”。本书选取的案例均是高校已经发生的真实案例，无论这些案件在审理中胜诉还是败诉，都以严峻的现实，提醒高校对后勤部门劳动用工方面的法律风险应给予高度的关注，必须采用合法化、规范化、精细化的手段提高法律风险防范能力，也迫使高校后勤人力资源工作者不断学习，总结教训，创新管理。

当然，由于法律的高度规范性和实践的高度复杂性，难免会有疏漏和引发争议之处，期待工作在高校后勤部门的法律和人力资源管理专业人士为本书作者提供完善建议，共同促进高校后勤人力资源管理水平的提高！

在高校后勤社会化改革背景下，后勤实体要全面推行全员聘任制和劳动合同制，严格依法用工，引进现代人力资源管理。希望广大高校后勤工作者，积极进行理论和实践研究，产生更多有价值的成果，助力高校后勤事业的发展。

2016 年 7 月

前　言

近年来，随着我国经济社会的持续稳定发展，劳动用工制度和社会保障制度改革的不断深化，使劳动关系不断发生新的变化，产生了许多新情况、新问题，尤其是2008年《劳动合同法》《劳动争议仲裁法》《职工带薪年休假条例》等相关法律、法规颁布实施以来，劳动争议案件已经成为民事审判中的热点、焦点和难点。以北京市为例，2008年共受理劳动争议案件49 784件，同比增长125%；2009年共受理劳动争议案件73 460件，同比增长48%。

高校后勤作为社会的一个用工主体，随着社会化改革的不断深入，其用工形式呈现出多样化，但社会化用工仍然是高校后勤服务的一支重要力量。以黑龙江省为例，目前近80所院校中后勤用工结构基本是学校正式编制的职工占10%～20%，外聘用工或者社会用工占70%～90%，数量达到近10万人。随着劳动法制日益完善以及劳动者权益保护意识日益增强，导致高校后勤用工纠纷逐年递增，给高校后勤经营管理带来巨大的挑战，也成为高校后勤亟待破解的重要课题。

本书从高校后勤人力资源管理角度出发，针对可能涉及的劳动合同管理、劳资纠纷、社保纠纷等方面问题，选择了有代表性的80余个案例进行分析，并按照相关法律规定给出法律处理建议，这些案例均是已经发生的真实案例，以此提醒用人单位防范劳动用工的法律风险，避免违规操作，减少因劳动用工纠纷造成的损失。本书内容覆盖高校后勤用工的各个环节，针对劳动纠纷以案说法，特别是将法律条文和实际管理经验进行有机融合，是一本具有实践借鉴价值的参考用书。

本书在编写过程中征求了诸多工作在法律一线和高校后勤人力资源管理人士的意见，在此表示感谢。当然本书也难免会有疏漏和引发争议之处，敬请各位读者批评指正！

编　者

2016年7月

目　录

第 1 章　招聘员工的风险与防范

1.1　入职管理的风险与防范

1.1.1　用人单位是否有权辞退提供虚假信息的劳动者

【案件回放】

时间:2008 年 3 月

争议双方:1. 小李

　　　　　2. 南方××大学

关键词:伪造、虚假

2008 年 3 月,南方××大学直属单位招聘软件设计工程师,要求应聘人员具有大学本科及以上学历,精通 C 语言,两年以上工作经验。刚到深圳的小李是一名大专毕业生,他经过专业软件培训机构的培训,拥有软件工程师证书以及两年以上的软件开发经验。为了尽快解决工作问题,虽然看到××大学直属单位的招聘启事要求应聘人员具有本科以上学历,但小李还是向该单位投递了简历。经过笔试和面试,小李通过了该单位的考核。在办理入职手续时,小李向单位人力资源部提供了伪造的某名牌大学毕业证书和学位证书。单位为了留住小李,决定为其办理户口转移手续,但是在办理户口转移过程中,有关机关发现该单位提供的小李的学历、学位证书系伪造,遂将相关手续退回。后来,单位以小李欺诈单位为由解除了与小李的劳动合同。小李不服提起仲裁,要求撤销单位解除劳动合同的决定,继续履行劳动合同,劳动争议仲裁委员会[①]最后判定××大学直属单位胜诉。

【法律分析】

为防止劳动者应聘时采取欺骗行为,向用人单位提供虚假的个人信息,对用人单位欺诈并造成损失,用人单位在劳动者签订劳动合同前要充分行使自己的知情权,对劳动者的主体资格进行必要的审查。用人单位应当从以下几个方面进行重点审查。

1. 对劳动者年龄进行审查

根据我国法律规定,用人单位聘用未满 16 周岁的员工为使用童工,应处以行政处罚甚至承担刑事责任。因此,建议用人单位对劳动者入职时按要求所提供的身份证原件与复印

① 劳动争议仲裁委员会,是指县、市辖区设立的裁处企业与职工之间发生的劳动争议的组织机构,由劳动行政部门代表、工会代表和企业方面代表组成。

件进行核对,核对无误后,在身份证复印件上签署“与原件一致,由××提供”字样,并要求劳动者签名确认。

2. 要求劳动者提供健康证明

根据我国《劳动合同法》第四十条第一款规定:劳动者在患病期间享有医疗期,而且在医疗期满后,若劳动者不能从事原工作的,用人单位应当为其调整工作岗位;如果劳动者经用人单位调整工作岗位后仍然不能胜任工作的,用人单位方可依法解除劳动合同,但应当支付经济补偿金。因此,为减少法律风险、降低用工成本,用人单位最好要求劳动者在入职时提供区、县级以上医院出具的健康证明,有条件的最好要求劳动者在高校的校医院进行检查。

3. 对应聘劳动者的学历、资格证书进行审查

如果员工提供了虚假的学历、资格证书及工作经历,使得用人单位违背真实意愿将其录用,会导致用人单位招聘不到真正需要的人才。因此,用人单位可通过网站对劳动者提供的学历、资格证书进行验证;对于劳动者工作经历的审查,则要求劳动者在入职登记表上进行登记并对其所提供信息的真实性作出承诺,若其所提供信息为虚假,应承担相应的法律责任,用人单位可拒绝招聘其入职工作。

4. 对劳动者是否与其他用人单位存在劳动关系进行审查

根据我国法律、法规的规定,用人单位招用员工时应查验其与原单位终止、解除劳动合同的证明,以及其他能够证明该员工在同一工作时间与任何用人单位不存在劳动关系的凭证,方可与其签订劳动合同。如果用人单位录用了与其他用人单位尚有劳动关系的劳动者,对原单位造成经济损失的,该用人单位承担连带赔偿责任。因此,用人单位应当在劳动者入职时要求其提供劳动关系解除(终止)证明,应届大、中专毕业生提供报到证,已经办理失业登记的提供失业证等。

本案例中,小李伪造学历、学位证书,属于向用工单位提供虚假信息,由于不符合××大学的用工标准,按照《劳动合同法》第三十九条规定,可依法解除劳动合同。

【法律条文链接】

《劳动合同法》

第八条 用人单位招用劳动者时,应当如实告知劳动者工作内容、工作条件、工作地点、职业危害、安全生产状况、劳动报酬,以及劳动者要求了解的其他情况;用人单位有权了解劳动者与劳动合同直接相关的基本情况,劳动者应当如实说明。

第二十六条 下列劳动合同无效或者部分无效:

(一)以欺诈、胁迫的手段或者乘人之危,使对方在违背真实意思的情况下订立或者变更劳动合同的;

(二)用人单位免除自己的法定责任、排除劳动者权利的;

(三)违反法律、行政法规强制性规定的。

对劳动合同的无效或者部分无效有争议的,由劳动争议仲裁机构或者人民法院确认。

第三十九条 劳动者有下列情形之一的,用人单位可以解除合同:

(一)在试用期间被证明不符合录用条件的;

（二）严重违反用人单位的规章制度的；

（三）严重失职，营私舞弊，给用人单位造成重大损害的；

（四）劳动者同时与其他用人单位建立劳动关系，对完成本单位的工作任务造成严重影响，或者经用人单位提出，拒不改正的；

（五）因本法第二十六条第一款第一项规定的情形致使劳动合同无效的；

（六）被依法追究刑事责任的。

第四十条　有下列情形之一的，用人单位提前三十日以书面形式通知劳动者本人或者额外支付劳动者一个月工资后，可以解除合同：

（一）劳动者患病或者非因工负伤，在规定的医疗期满后不能从事原工作，也不能从事由用人单位另行安排的工作的；

（二）劳动者不能胜任工作，经过培训或者调整工作岗位，仍不能胜任工作的；

（三）劳动合同订立时所依据的客观情况发生重大变化，致使劳动合同无法履行，经用人单位与劳动者协商，未能就变更劳动合同内容达成协议的。

第四十二条　劳动者有下列情形之一的，用人单位不得依照本法第四十条、第四十一条的规定解除劳动合同：

（一）从事接触职业病危害作业的劳动者未进行离岗前职业健康检查，或者疑似职业病病人在诊断或者医学观察期间的；

（二）在本单位患职业病或者因工负伤并被确认丧失或者部分丧失劳动能力的；

（三）患病或者非因工负伤，在规定的医疗期内的；

（四）女职工在孕期、产期、哺乳期的；

（五）在本单位连续工作满十五年，且距法定退休年龄不足五年的；

（六）法律、行政法规规定的其他情形。

第九十一条　用人单位招用与其他用人单位尚未解除或者终止劳动合同的劳动者，给其他用人单位造成损失的，应当承担连带赔偿责任。

劳动部《关于实行劳动合同制度若干问题的通知》

第十七条　用人单位招用职工时应查验终止、解除劳动合同证明，以及其他能够证明该职工与任何用人单位不存在劳动关系的凭证，方可与其签订劳动合同。

1.1.2　用人单位在招聘时能否向劳动者收取风险抵押金

【案件回放】

时间：2008 年 7 月
争议双方：1. 小陈
　　　　　2. 南方××大学
关键词：入职，抵押金

2008 年 7 月，应届大学毕业生小陈被南方××大学后勤部门招聘录用从事学校食堂食品管理工作，双方签订了为期三年的劳动合同，并收取小陈 6 000 元的“风险抵押金”。2008

年11月初,小陈向南方××大学食堂主任提出辞职,并要求南方××大学返还6 000元的风险抵押金,但该大学称此款不是风险抵押金,而是“竞业限制”①保证金。如果小陈离职后在两年内不到同行业的高校进行食品管理工作,学校将会在两年后返还该保证金;如果小陈违反该约定,则学校不予返还该保证金。因双方就该争议协商不成,小陈遂向劳动争议仲裁委员会申请仲裁,要求学校返还其收取的风险抵押金。

【法律分析】

由于法律、法规不允许用人单位以任何形式向劳动者收取定金、保证金、抵押金,但有时高校在经营管理时又确实需要,那么应该如何操作来避免法律风险呢?

劳动部办公厅、国家经贸委办公厅对《关于用人单位要求在职职工缴纳抵押性钱款或股金的做法应否制止的请示》的复函中规定:“至于一些用人单位与职工建立劳动关系后,根据本单位经营管理的实际需要,按照职工本人自愿原则向职工收取‘风险抵押金’及要求职工全员入股等企业生产经营行为,不属于上述规定调整范围。”依据该规定,用人单位在与劳动者建立劳动关系后,根据本单位经营管理的实际需要,按照劳动者自愿原则而收取“风险抵押金”的行为并不违反法律的强制性规定。

用人单位由于经营管理上的考虑,比如对掌握大量现金的财务人员,掌握学校车队车辆的司机等,确实需要向员工收取“风险抵押金”的,为避免法律风险,在收取“风险抵押金”时,应当与员工签订书面协议,明确写明是员工自愿缴纳,用人单位不存在欺诈、胁迫等情形,并签名确认。

本案中,用人单位向应届大学毕业生小陈收取6 000元的“风险抵押金”的做法是违反法律、法规规定的。如果用人单位要收取竞业限制保证金,首先应当在与劳动者签订劳动合同时在合同中写明竞业限制的条款,并在竞业限制条款中约定适当的保证金。

【法律条文链接】

《关于贯彻执行〈中华人民共和国劳动法〉若干问题的意见》

第二十四条 用人单位在与劳动者订立劳动合同时,不得以任何形式向劳动者收取定金、保证金(物)或抵押金(物)。

《劳动合同法》

第九条 用人单位招用劳动者,不得扣押劳动者的居民身份证和其他证件,不得要求劳动者提供担保或者以其他名义向劳动者收取财物。

第八十四条 用人单位违反本法规定,扣押劳动者居民身份证等证件的,由劳动行政部门责令限期退还劳动者本人,并依照有关法律规定给予处罚。

用人单位违反本法规定,以担保或者其他名义向劳动者收取财物的,由劳动行政部门

---

① 竞业限制是用人单位对负有保守用人单位商业秘密的劳动者,在劳动合同、知识产权权利归属协议或技术保密协议中约定的竞业限制条款。竞业限制条款在劳动合同中为延迟生效条款,也就是劳动合同的其他条款法律约束力终结后,该条款开始生效。

责令限期退还劳动者本人,并以每人五百元以上二千元以下的标准处以罚款;给劳动者造成损害的,应当承担赔偿责任。

劳动者依法解除或者终止劳动合同,用人单位扣押劳动者档案或者其他物品的,依照前款规定处罚。

1.1.3　劳动者入职时无法将个人社会保险关系转入用人单位时该如何处理

【案件回放】

时间:2008 年 6 月

争议双方:1. 刘某

2. 北方 × × 大学

关键词:社会保险,缴纳

北方 × × 大学于 2008 年 3 月 1 日从外省招聘了一名新员工刘某,从事校园网络维修工作。因为社会保险的跨省转移手续烦琐,因此 × × 大学一直没有给刘某办理社会保险转移续接,于是学校与刘某协商将本应为其缴纳的社会保险费折算成工资,以现金的形式按月支付给刘某,刘某考虑后表示同意。因此,在与刘某的劳动关系存续过程中, × × 大学一直没有为刘某缴纳社会保险费。在工作两年后刘某被该学校辞退。2010 年 1 月 28 日,刘某在收到 × × 大学的解除劳动关系通知书和经济补偿金后,向劳动争议仲裁委提起仲裁,要求 × × 大学依法为其补缴社会保险费。

【法律分析】

自 2008 年《劳动合同法》实施以来,为员工缴纳社会保险属于用人单位的法定义务,没有履行该义务的,应当承担法律后果。因此,在社会保险的缴纳事宜上,确实存在着员工因生活或其他原因不愿意缴纳社会保险的事实,但是,这样的事实不能构成用人单位不履行法定义务的基础。在社会保险缴费的问题上,员工在工作后存在欠缴或少缴情形的,劳动者没有法律责任,应当由用人单位来承担完全的法律责任。学校聘用员工应尽量选择本地人、已经退休或者在本地有社会保险账户的,从而避免现今劳动者的社会保险跨省转移手续繁多,给用人单位造成的不为员工缴纳社会保险的不利后果等情况。现今国家对于社会保险跨省转移的政策频频出台,但有些省份对于跨省转移社会保险手续繁杂,跨省转移保险仍在持续改进中。

本案是因社会保险缴纳存在断缴的情形而引起的劳动争议,导致断缴的原因是用人单位与员工刘某协商后,双方同意不缴纳社会保险。本案具有一定的代表性,由于我国社会保险关系跨区域转移到现今阶段还没有完全实现,使劳动者跨省流动后社会保险的连续性面临很多问题。跨省就业的人员停缴社会保险费的现象大量存在。在《劳动合同法》实施之前,对于用人单位的参保状况主要通过两种方式来监督,一是劳动监察部门的监察,二是社保稽核部门的社保稽核,发现用人单位存在少缴或欠缴社保现象的,要求用人单位限期补缴,并给予一定的行政处罚。这样的监督方式,对于劳动者来讲由于没有直接的经济利益关系,因此,其积极性普遍不高。

【法律条文链接】

《中华人民共和国社会保险法》

第五十八条 用人单位应当自用工之日起三十日内为其职工向社会保险经办机构申请办理社会保险登记。未办理社会保险登记的,由社会保险经办机构核定其应当缴纳的社会保险费。

第六十条 用人单位应当自行申报、按时足额缴纳社会保险费,非因不可抗力等法定事由不得缓缴、减免。职工应当缴纳的社会保险费由用人单位代扣代缴,用人单位应当按月将缴纳社会保险费的明细情况告知本人。

《劳动法》

第七十二条 社会保险基金按照保险类型确定资金来源,逐步实行社会统筹。用人单位和劳动者必须依法参加社会保险,缴纳社会保险费。

《劳动合同法》

第三十八条 用人单位有下列情形之一的,劳动者可以解除劳动合同:

(一)未按照劳动合同约定提供劳动保护或者劳动条件的;

(二)未及时足额支付劳动报酬的;

(三)未依法为劳动者缴纳社会保险费的;

(四)用人单位的规章制度违反法律、法规的规定,损害劳动者权益的;

(五)因本法第二十六条第一款规定的情形致使劳动合同无效的;

(六)法律、行政法规规定劳动者可以解除劳动合同的其他情形。

第四十六条 有下列情形之一的,用人单位应当向劳动者支付经济补偿:

(一)劳动者依照本法第三十八条规定解除劳动合同的;

(二)用人单位依照本法第三十六条规定向劳动者提出解除劳动合同并与劳动者协商一致解除劳动合同的;

(三)用人单位依照本法第四十条规定解除劳动合同的;

(四)用人单位依照本法第四十一条第一款规定解除劳动合同的;

(五)除用人单位维持或者提高劳动合同约定条件续订劳动合同,劳动者不同意续订的情形外,依照本法第四十四条第一项规定终止固定期限劳动合同的;

(六)依照本法第四十四条第四项、第五项规定终止劳动合同的;

(七)法律、行政法规规定的其他情形。

1.2　劳动合同订立过程中的风险与防范

1.2.1　用人单位与劳动者在劳动合同中约定的劳动报酬不明有何法律风险

【案件回放】

时间:2008 年 9 月

争议双方:1. 吕某

　　　　　2. 北方××大学

关键词:报酬,约定

2008 年 9 月,北方××大学招聘了一批新员工,学校与这些员工在劳动合同中约定,薪资按照不低于最低工资标准(当时该地月最低工资标准为 840 元)发放。北方××大学此前招聘同岗位的员工是在两年前,目前这批员工工资大都升至 1 200 元。入职后第一次发放工资时,学校向新进的这批员工发放了 840 元的工资,但这批员工中吕某对此提出异议,认为当初在招聘时,学校负责人员说过工资在 840 元以上,而且签订的劳动合同中亦约定不明,应当按照同等岗位其他员工的工资待遇即 1 200 元执行,也就是同工同酬。学校则认为,按照 840 元发放没有违反合同约定。双方协商不成,这批员工集体向北方当地××劳动争议仲裁委员会申请仲裁。

【法律分析】

很多学校出于各种考虑,将劳动合同内的相关条款规定得尽量简单、模糊,以便在发生争议时依据双方签订合同中的条款申辩更有利,但《劳动合同法》对劳动合同中关于劳动报酬、劳动条件等与劳动者切身利益相关的条款约定不明的情形明确规定了处理原则,所以这样的做法对于高校来说存在较大的法律风险。

在《劳动合同法》颁布实施的情况下,用人单位在和员工订立劳动合同时,对与劳动者切身利益相关的工作地点、薪资待遇、工作岗位等条款应当仔细斟酌后确定,否则会导致用人单位在发生劳动争议时承担更多的不利后果。

本案中,××大学与员工吕某的劳动合同对于薪资的约定是不明确的,员工要求按照同等岗位其他员工的工资待遇执行,有法律依据,高校应当按照同工同酬原则向其支付劳动报酬。

【法律条文链接】

《劳动合同法》

第十八条　劳动合同对劳动报酬和劳动条件等标准约定不明确,引发争议的,用人单位与劳动者可以重新协商;协商不成的,适用集体合同规定;没有集体合同或者集体合同未规定劳动报酬的,实行同工同酬;没有集体合同或者集体合同未规定劳动条件等标准的,适用国家有关规定。

1.2.2 用人单位应如何选择劳动合同期限来保障自身利益最大化

【案件回放】

时间:2009 年 5 月 1 日

争议双方:1. 龙某

2. 南方××大学

关键词:期限,续订

南方××大学于 2009 年 6 月 1 日与龙某签订了一年期限的劳动合同,龙某从事校园绿化管理工作,自 2009 年 6 月 1 日至 2010 年 5 月 30 日止。在双方合同到期后,学校又与龙某续签了一年期限的劳动合同。2011 年 6 月 2 日,双方劳动合同到期,××大学提出终止劳动合同,不再续签,而龙某则提出要求订立"无固定期限劳动合同"①。学校与龙某协商不成,龙某遂向当地劳动争议仲裁部门提起申诉。

【法律分析】

本案中,南方××大学自 2009 年 6 月 1 日起与龙某已经连续订立了两次固定期限劳动合同,且龙某没有违法、违纪及不能胜任工作的情形,在合同到期后,龙某提出签订无固定期限劳动合同符合国家法律规定,学校不能终止与龙某的劳动合同,应当与龙某签订无固定期限劳动合同。

由于《劳动合同法》扩大了无固定期限劳动合同的签订范围,特别是《劳动合同法》第十四条第二款第三项,连续两次签订固定期限劳动合同,只要劳动者没有第三十九条和第四十条第一项、第二项规定情形,员工要求签订无固定期限劳动合同的,用人单位就应当签订,用人单位有选择权。这一规定,对用人单位如何选择劳动合同期限,以保护用人单位利益提出了新的挑战。

为保障高校的最大利益,在签订劳动合同时,应当按照以下原则设计劳动合同期限:

(1)对于新员工而言,用人单位在选择固定期限劳动合同时,必须考虑试用期、劳动合同期限及无固定期限劳动合同条件等三者之间的关系。由于连续两次订立固定期限劳动合同,且劳动者没有《劳动合同法》第三十九条和第四十条第一项、第二项规定的情形,续订劳动合同的,用人单位就必须与劳动者签订无固定期限劳动合同。劳动合同期限三个月以上不满一年的,试用期不得超过一个月;劳动合同期限一年以上不满三年的,试用期不得超过二个月;三年以上固定期限的劳动合同,试用期不得超过六个月。一般用人单位完全了解一个劳动者需要两三年时间,更何况学校是人文气息浓厚、更需要稳定的单位,人员流动不易频繁。为此,我们认为,用人单位对新员工确定的劳动合同期限为三年(过长会导致员工的抵触情绪)。这样,用人单位对新员工拥有了六个月的试用期,可有助于用人单位更好地对新员工考察,对达不到用人单位要求的员工可以充分利用试用期来合法解除劳动合同。

① 《劳动法》第二十条规定:劳动合同的期限分为有固定期限、无固定期限和以完成一定工作为期限。

(2)充分利用以一定工作任务为期限的劳动合同。由于《劳动合同法》规定的连续两次订立的劳动合同必须是固定期限劳动合同,如果用人单位之前与劳动者签订的是以完成一定工作任务为期限的劳动合同,不论用人单位与劳动者之间签订过几次劳动合同,均不构成必须签订无固定期限劳动合同的“连续二次订立固定期限劳动合同”这一条件。因此,如果用人单位与劳动者签订“以完成一定工作任务为期限”的劳动合同,将可能同时规避经济补偿和签订无固定期限劳动合同问题,用人单位的用工成本就会减少,法律风险也会大大降低。

当然,用人单位也不能因为签订“以完成一定工作任务为期限”的劳动合同有诸多优点便将这种劳动合同形式无限扩大化,一般在以下几种情况下,用人单位与劳动者可以签订以完成一定工作任务为期限的劳动合同:

①以完成单项工作任务为期限的劳动合同;

②以项目承包方式完成承包任务的劳动合同;

③因季节原因用工的劳动合同;

④其他双方约定的以完成一定工作任务为期限的劳动合同。

依据《劳动合同法》第十四条第二款第三项规定,连续订立二次固定期限劳动合同,且劳动者没有本法第三十九条和第四十条第一项、第二项规定的情形,续订劳动合同的,劳动者提出或者同意续订、订立劳动合同的,除劳动者提出订立固定期限劳动合同外,应当订立无固定期限劳动合同。

【法律条文链接】

《劳动合同法》

第十四条　无固定期限劳动合同,是指用人单位与劳动者约定无确定终止时间的劳动合同。

用人单位与劳动者协商一致,可以订立无固定期限劳动合同。有下列情形之一,劳动者提出或者同意续订、订立劳动合同的,除劳动者提出订立固定期限劳动合同外,应当订立无固定期限劳动合同:

(一)劳动者在该用人单位连续工作满十年的;

(二)用人单位初次实行劳动合同制度或者国有企业改制重新订立劳动合同时,劳动者在该用人单位连续工作满十年且距法定退休年龄不足十年的;

(三)连续订立二次固定期限劳动合同,且劳动者没有本法第三十九条和第四十条第一项、第二项规定的情形,续订劳动合同的。

用人单位自用工之日起满一年不与劳动者订立书面劳动合同的,视为用人单位与劳动者已订立无固定期限劳动合同。

第三十九条　劳动者有下列情形之一的,用人单位可以解除劳动合同:

(一)在试用期间被证明不符合录用条件的;

(二)严重违反用人单位的规章制度的;

(三)严重失职,营私舞弊,给用人单位造成重大损害的;

(四)劳动者同时与其他用人单位建立劳动关系,对完成本单位的工作任务造成严重影响,或者经用人单位提出,拒不改正的;

（五）因本法第二十六条第一款第一项规定的情形致使劳动合同无效的；

（六）被依法追究刑事责任的。

第四十条 有下列情形之一的，用人单位提前三十日以书面形式通知劳动者本人或者额外支付劳动者一个月工资后，可以解除劳动合同：

（一）劳动者患病或者非因工负伤，在规定的医疗期满后不能从事原工作，也不能从事由用人单位另行安排的工作的；

（二）劳动者不能胜任工作，经过培训或者调整工作岗位，仍不能胜任工作的；

（三）劳动合同订立时所依据的客观情况发生重大变化，致使劳动合同无法履行，经用人单位与劳动者协商，未能就变更劳动合同内容达成协议的。

第 2 章　聘用试用期的风险与防范

2.1　试用期期限怎样确定才合法，违法约定试用期有什么法律风险

【案件回放】

时间：2010 年 6 月
争议双方：1. 章某
　　　　　2. 南方 × × 大学
关键词：试用期，约定

南方 × × 大学与应届大学毕业生章某签订了两年的劳动合同，劳动合同期限为 2008 年 6 月 1 日至 2010 年 6 月 30 日，其中试用期为三个月，从 2008 年 6 月 1 日至 2008 年 8 月 31 日。2008 年 8 月 15 日，学校人力资源部对章某在试用期内的表现进行了考核，考核结果为不合格，并将考核结果通知章某。章某对其考核结果没有提出异议，对相关的事实也予以认可。在此种情况下，该学校依据《劳动合同法》的规定，向章某出具了解除劳动合同通证明书。此时，章某提出异议，认为 × × 大学与其签订的劳动合同约定的试用期不合法，高校无权辞退他。双方协商未果，章某向劳动争议仲裁委员会提起申诉，要求学校继续履行劳动合同，并支付违法约定试用期的赔偿金。

【法律分析】

鉴于《劳动合同法》对试用期期限较以往的规定更加具体，而且对违反试用期期限的处罚更加明确，为避免法律风险，高校应当在严格遵守《劳动合同法》的前提下，结合本单位及所招聘岗位的实际情况约定合理的劳动合同期限，从而确定合适的试用期。

《劳动合同法》规定，劳动合同期限三个月以上不满一年的，试用期不得超过一个月；劳动合同期限一年以上不满三年的，试用期不得超过二个月；三年以上固定期限和无固定期限的劳动合同，试用期不得超过六个月。用人单位违反《劳动合同法》的规定与劳动者约定试用期的，由劳动行政部门责令改正；违法约定的试用期已经履行的，由用人单位以劳动者试用期满月工资为标准，按已经履行的超过法定试用期的期间向劳动者支付赔偿金。

本案中，章某的劳动合同期限为两年，但试用期却约定了三个月，不符合《劳动合同法》不得超过两个月的规定，超过法律规定的两个月期限部分，应当无效。因此，章某的试用期届满日为 2008 年 7 月 31 日，而学校于 2008 年 8 月 15 日才对章某进行考核，此时试用期已届满，即便是章某的考核不合格，学校亦无权以试用期被证明不符合录用条件为由予以辞退，而且还应当对超过两个月期限部分以试用期满月工资为标准向章某支付赔偿金。

【法律条文链接】

《劳动合同法》

第十九条 劳动合同期限三个月以上不满一年的,试用期不得超过一个月;劳动合同期限一年以上不满三年的,试用期不得超过二个月;三年以上固定期限和无固定期限的劳动合同,试用期不得超过六个月。

同一用人单位与同一劳动者只能约定一次试用期。

以完成一定工作任务为期限的劳动合同或者劳动合同期限不满三个月的,不得约定试用期。

试用期包含在劳动合同期限内。劳动合同仅约定试用期的,试用期不成立,该期限为劳动合同期限。

以完成一定工作任务为期限的劳动合同或者劳动合同期限不满三个月的,不得约定试用期。

第二十条 劳动者在试用期的工资不得低于本单位相同岗位最低档工资或者劳动合同约定工资的百分之八十,并不得低于用人单位所在地的最低工资标准。

第二十一条 在试用期中,除劳动者有本法第三十九条和第四十条第一项、第二项规定的情形外,用人单位不得解除劳动合同。用人单位在试用期解除劳动合同的,应当向劳动者说明理由。

第三十七条 劳动者提前三十日以书面形式通知用人单位,可以解除劳动合同。劳动者在试用期内提前三日通知用人单位,可以解除劳动合同。

第八十三条 用人单位违反本法规定与劳动者约定试用期的,由劳动行政部门责令改正;违法约定的试用期已经履行的,由高校以劳动者试用期满月工资为标准,按已经履行的超过法定试用期的期间向劳动者支付赔偿金。

2.2 试用期内劳动者辞职能否向其主张培训费的违约金

【案件回放】

时间:2008 年 5 月

争议双方:1. 孙某

2. 北方××大学

关键词:培训,违约金

【案件回放】

孙某是北方××大学的新进员工,与学校签订了三年期的劳动合同,合同期限自 2008 年 2 月 1 日到 2011 年 1 月 31 日,并约定了六个月的试用期。由于高校急需进口机电方面的相应人才,在孙某进××大学的第二个月,高校即安排其去美国培训两周。双方就培训事宜签订了一份培训协议,约定孙某回国后至少为高校服务两年,若孙某回国后为学校服务不满两年,孙某应赔偿××大学为其培训所支付的全部费用三万元。2008 年 5 月,孙某回国后,仅仅为高校服务了半个月即辞职离开了高校。该高校不同意孙某辞职，让其继续为高校服务的要求得不到回应的情况下，高校便要求孙某根据当初签订的协议，赔偿高校为其到美国培训所支付的三万元费用。孙某不同意，在双方协商不成的情况下，高校申请了劳动仲裁，要求孙某按照双方订立的培训协议的约定，赔偿高校为其出国培训所支付的三万元费用。

【法律分析】

本案是关于服务期①的违约金的争议。服务期是用人单位和劳动者在劳动合同签订之时或劳动合同履行过程中，用人单位出资对劳动者培训后，双方协商一致、在现行法律规定的法定期限内约定服务期。根据《劳动合同法》的规定，用人单位只有对劳动者提供专项培训费用，对劳动者进行专业技术培训的，才能与劳动者约定服务期。服务期制度的目的在于保护用人单位的利益。

《劳动合同法》中规定只要劳动者违反服务期的约定，就应该向用人单位支付违约金。该条规定并没有对劳动者在试用期辞职作出豁免规定，即劳动者在试用期辞职的仍需要向用人单位支付违约金。

本案中，虽然孙某在试用期辞职，但是其仍然必须支付××大学为其培训所提供的费用。《劳动合同法实施条例》第十六条规定："劳动合同法第二十二条第二款规定的培训费用，包括用人单位为了对劳动者进行专业技术培训而支付的有凭证的培训费用、培训期间的差旅费用以及因培训产生的用于该劳动者的其他直接费用。"因此，如果××大学为孙某培训所支付的全部费用三万元都有凭证的话，孙某应该赔偿学校。赔偿的具体数额为孙某两年的服务期尚未履行部分所应分摊的培训费用。

【法律条文链接】

《劳动合同法》

第二十二条　用人单位为劳动者提供专项培训费用，对其进行专业技术培训的，可以与该劳动者订立协议，约定服务期。

劳动者违反服务期约定的，应当按照约定向用人单位支付违约金。违约金的数额不得超过用人单位提供的培训费用。用人单位要求劳动者支付的违约金不得超过服务期尚未履行部分所应分摊的培训费用。

用人单位与劳动者约定服务期的，不影响按照正常的工资调整机制提高劳动者在服务期期间的劳动报酬。

《劳动合同法实施条例》

第十六条　劳动合同法第二十二条第二款规定的培训费用，包括用人单位为了对劳动者进行专业技术培训而支付的有凭证的培训费用、培训期间的差旅费用以及因培训产生的用于该劳动者的其他直接费用。

---

① 用人单位对劳动者有投入并导致劳动者获得利益。用人单位为劳动者提供培训费用，并支付劳动报酬和其他待遇，使劳动者学到了本事。同时，用人单位使劳动者接受培训的目的，在于劳动者回来后为单位提供约定服务期期间的劳动，劳动者服务期未满离职，使用人单位期待落空。通过约定服务期，可以大体平衡双方利益。

2.3 用人单位以口头或其他形式约定试用期是否有效

【案件回放】

时间:2009 年 1 月
争议双方:1. 贾某
2. 南方 × × 大学
关键词:试用期,约定

贾某于 2009 年 1 月入职南方 × × 大学财务部门(属管理职位),双方未签订劳动合同,但该校人力资源部主管在贾某上班第一天,告知他有三个月的试用期,而且贾某的入职登记表中有一条规定:新入职员工试用期三个月。另外,该学校的《学校规章制度》中也规定:凡是新入职员工,试用期为三个月。在贾某工作两个多月后,高校以贾某试用期不合格为由将其辞退,贾某不服,与学校协商未果后向劳动争议仲裁委员会申请劳动仲裁,要求 × × 大学支付未签书面劳动合同的双倍工资以及解除劳动关系的经济补偿金。

【法律分析】

本案中,虽然 × × 大学以口头方式告知了贾某试用期为三个月,并在入职登记表与学校内制度中均规定了试用期,但双方并未签订书面劳动合同,依照相关法律规定,该试用期是不存在的,双方是事实劳动关系。

根据《劳动合同法》第八十二条、《劳动合同法实施条例》第六条的规定,该学校应当自贾某入职满一个月的次日开始向贾某支付双倍工资,并支付经济补偿金。

【法律条文链接】

劳动部《关于贯彻执行〈中华人民共和国劳动法〉若干问题的意见》

第十八条 劳动者被用人单位录用后,双方可以在劳动合同中约定试用期,试用期应包含在劳动合同期限内。

《劳动合同法》

第十九条 劳动合同期限三个月以上不满一年的,试用期不得超过一个月;劳动合同期限一年以上不满三年的,试用期不得超过二个月;三年以上固定期限和无固定期限的劳动合同,试用期不得超过六个月。

同一用人单位与同一劳动者只能约定一次试用期。

以完成一定工作任务为期限的劳动合同或者劳动合同期限不满三个月的,不得约定试用期。

试用期包含在劳动合同期限内。劳动合同仅约定试用期的,试用期不成立,该期限为劳动合同期限。

第八十二条 用人单位自用工之日起超过一个月不满一年未与劳动者订立书面劳动

合同的，应当向劳动者每月支付二倍的工资。

用人单位违反本法规定不与劳动者订立无固定期限劳动合同的，自应当订立无固定期限劳动合同之日起向劳动者每月支付二倍的工资。

《劳动合同法实施条例》

第六条　用人单位自用工之日起超过一个月不满一年未与劳动者订立书面劳动合同的，应当依照劳动合同法第八十二条的规定向劳动者每月支付两倍的工资，并与劳动者补订书面劳动合同；劳动者不与用人单位订立书面劳动合同的，用人单位应当书面通知劳动者终止劳动关系，并依照劳动合同法第四十七条的规定支付经济补偿。

前款规定的用人单位向劳动者每月支付两倍工资的起算时间为用工之日起满一个月的次日，截止时间为补订书面劳动合同的前一日。

2.4　调整工作岗位能否再次约定试用期

【案件回放】

时间：2011 年 2 月

争议双方：1. 方某

2. 北方 × × 大学

关键词：岗位调整，试用期

2011 年 2 月，方某被北方 × × 大学下属研究所录用，双方签订了书面劳动合同，期限为三年，试用期为三个月。2011 年 2 月，该学校决定调整方某的工作岗位，将其从生产部调至开发部，并通知方某到人力资源部办理手续及变更劳动合同[①]。方某看到合同变更协议上写明，工作岗位从开发部主管变为生产部主管，薪资向上调整一级，但是有三个月的试用期。方某认为再次约定试用期不合理，便找人力资源部经理就此事进行理论，人力资源部答复说，调整新的工作岗位均需重新约定试用期，这是高校的惯例；而且，不同工作岗位有着不同的工作要求，再次设置试用期也是合情合理的。方某虽不乐意，但想到工资调高了一级，也就接受了 × × 大学的岗位调整。然而，方某在新岗位工作两个多月后，高校对方某进行了一次考核，考核结果为不合格，学校以试用期不符合录用条件为由解除了与方某的劳动合同，方某对此不服，于是向劳动争议仲裁委员会提起劳动仲裁，要求支付违法解除劳动合同的赔偿金。

【法律分析】

由于试用期是用人单位用来考核员工是否符合工作要求的重要期间，而且在试用期解除劳动合同，用人单位的成本较小。因此，尽管试用期并非劳动合同的必备条款，但绝大部分用人单位都会与劳动者约定试用期。然而，员工被调整工作岗位能否重新约定试用期，

---

① 变更劳动合同（Change The Labour Contract）指双方当事人依法对已经生效但尚未履行或尚未完全履行的合同的内容和条款进行修改和增减的行为。

员工离职后又回到原单位工作能否再行约定试用期等问题由于在《劳动合同法》施行前没有明确的法律规定,导致实践中的做法比较混乱。但 2008 年《劳动合同法》对这一法律漏洞作出了明确的规定,同一用人单位与同一劳动者只能约定一次试用期,即无论劳动关系建立或存续期间工作岗位调动,甚至是离职后再次回来工作的,用人单位与同一劳动者只能约定一次试用期。

本案中,北方××大学在方某入职时已经约定了三个月的试用期,此后,学校调整方某的工作岗位,再次约定了三个月试用期,这一做法不符合《劳动合同法》规定,该约定无效。方某已经履行的两个多月试用期,依据《劳动合同法》第八十三条规定,学校应当向方某支付赔偿金;而且,由于试用期无效,学校以试用期不符合录用条件为由解除劳动合同属违法解除,因此还应当向方某支付违法解除劳动合同的赔偿金。

实践中,一些高校出于各种各样的目的,习惯在劳动者调整工作岗位时再次约定试用期,但依据《劳动合同法》,这种行为是违法的,将会承担很大的法律风险。建议高校采取以下变通的方式来处理:

(1)在试用期内,高校对试用期考核不合格的劳动者应当依法及时解除劳动合同,不要再将考核不合格劳动者调整到新的工作岗位并再次约定试用期。

(2)对因工作需要而调整劳动者工作岗位的,高校对劳动者在新的工作岗位上的表现应当作出客观的记录和评价,当劳动者在新的岗位上的表现达不到高校该岗位规定的标准时。高校可以再次将劳动者调整到原岗位或其他岗位。

【法律条文链接】

《劳动合同法》

第十九条 劳动合同期限三个月以上不满一年的,试用期不得超过一个月;劳动合同期限一年以上不满三年的,试用期不得超过二个月;三年以上固定期限和无固定期限的劳动合同,试用期不得超过六个月。

同一用人单位与同一劳动者只能约定一次试用期。

以完成一定工作任务为期限的劳动合同或者劳动合同期限不满三个月的,不得约定试用期。

试用期包含在劳动合同期限内。劳动合同仅约定试用期的,试用期不成立,该期限为劳动合同期限。

第八十三条 用人单位违反本法规定与劳动者约定试用期的,由劳动行政部门责令改正;违法约定的试用期已经履行的,由用人单位以劳动者试用期满月工资为标准,按已经履行的超过法定试用期的期间向劳动者支付赔偿金。

第八十七条 用人单位违反本法规定解除或者终止劳动合同的,应当依照本法第四十七条规定的经济补偿标准的二倍向劳动者支付赔偿金。

《劳动合同法实施条例》

第十五条 劳动者在试用期的工资不得低于本单位相同岗位最低档工资的 80% 或者不得低于劳动合同约定工资的 80%,并不得低于用人单位所在地的最低工资标准。

2.5　试用期内用人单位是否需为劳动者缴纳社会保险

【案件回放】

时间:2008 年 3 月
争议双方:1. 刘某
　　　　　2. 南方××大学
关键词:社会保险,补缴

2008 年 3 月,刘某被南方××大学录用,并于当月入职。该校人力资源部主管告知刘某,他有三个月试用期,试用期满后签订劳动合同,办理社会保险。当时刘某虽不太乐意,但由于对劳动法不太熟悉,没有表示异议。2008 年 1 月,《劳动合同法》正式实施,刘某无意中在报纸上发现,高校在试用期也应当签订劳动合同并为劳动者缴纳社会保险。于是,刘某找到学校人力资源部主管,就签订劳动合同、补缴社会保险事宜进行协商,但被告知试用期不签劳动合同、不为员工缴纳社会保险是高校的一贯做法,学校不会为某一个人而打破惯例的。于是,刘某通知××大学解除劳动合同并向劳动争议仲裁委员会提起申诉,要求学校为其补缴社会保险,并支付经济补偿金。

【法律分析】

社会保险的缴纳期限一般为劳动关系建立之日起至劳动关系终止之日止。《劳动合同法》规定,用人单位自用工之日起即与劳动者建立劳动关系。因此,用人单位应当自用工之日起便为劳动者购买社会保险。《劳动合同法》中明确规定,试用期包含在劳动合同期限内;劳动合同仅约定试用期的,试用期不成立,该期限为劳动合同期限。由于在试用期内,劳动者与用人单位已发生用工事实,双方的劳动关系已然建立,故此,在试用期内,用人单位仍然要为劳动者缴纳社会保险。

实践中,一些用人单位借口未签订劳动合同或签订的是试用期合同而拒缴社会保险是违法的。本案中,南方××大学没有在试用期内为刘某缴纳社会保险便是违反了法律规定,其应当承担补缴的义务。现实中有些高校会遇见在试用期的最后一天才确认劳动者不胜任本岗位工作,在这种情况下,高校应当做好劳动者在试用期不能胜任本职工作的证据,而社会保险的手续可以在人事部门备案,如果劳动者试用期内合格,用人单位可以及时为劳动者办理社会保险。

【法律条文链接】

《劳动合同法》

第七条　用人单位自用工之日起即与劳动者建立劳动关系。用人单位应当建立职工名册备查。

第十九条　劳动合同期限三个月以上不满一年的,试用期不得超过一个月;劳动合同期限一年以上不满三年的,试用期不得超过二个月;三年以上固定期限和无固定期限的劳动合同,试用期不得超过六个月。

同一用人单位与同一劳动者只能约定一次试用期。

以完成一定工作任务为期限的劳动合同或者劳动合同期限不满三个月的,不得约定试用期。

试用期包含在劳动合同期限内。劳动合同仅约定试用期的,试用期不成立,该期限为劳动合同期限。

第二十条 同一用人单位与同一劳动者只能约定一次试用期。

以完成一定工作任务为期限的劳动合同或者劳动合同期限不满三个月的,不得约定试用期。

试用期包含在劳动合同期限内。劳动合同仅约定试用期的,试用期不成立,该期限为劳动合同期限。

2.6 用人单位可以随意延长试用期吗

【案件回放】

时间:2008 年 6 月

争议双方:1. 章某、杨某

2. 南方 × × 大学

关键词:试用期,延长

2012 年 6 月,南方 × × 大学录用了一批应届毕业生。× × 大学的员工手册规定,新入职的员工,签订劳动合同时,合同期限统一为三年,试用期统一为三个月。同时,学校可以根据试用期内新员工的具体表现,决定是否维持、延长或缩短其试用期长短。两个多月后,在这批员工试用期即将届满时,学校对他们进行了一次考核,结果出来后,学校决定将考核结果最差的章某的试用期由三个月延长至六个月。此外,另外一名员工杨某因在两个多月的试用期间请了长达一个月的病假,学校无法完成对其正常考核,决定将其试用期再延长一个月,即总共四个月。对 × × 大学的决定,两位当事员工均表示不满。向学校人力资源部门提出了异议。此后,章某和杨某多次找人力资源部门催问,人力资源部门总是以领导最近很忙,没时间研究为由予以推脱。一个月后,学校给章某和杨某送达了解除劳动合同通知书,理由是试用期表现不符合高校录用条件的要求。章某和杨某不服,向当地劳动争议仲裁部门提起劳动仲裁。

【法律分析】

《劳动法》中规定,变更劳动合同,应当遵循平等自愿、协商一致的原则。也就是说,未经双方协商一致,任何一方均无权单方变更劳动合同。尽管试用期条款并非劳动合同的必备条款,但大部分用人单位都会选择在劳动合同中与劳动者约定试用期条款。《劳动合同法》也规定了,试用期是劳动关系双方进行互相考核、增进了解的特殊阶段,这种考核与了解的权利对于劳动者和用人单位是对等的,用人单位对劳动者的试用期只能约定一次,因此,一旦在劳动合同中约定了试用期,那么对试用期条款进行变更就须经双方协商一致,一方未经另一方同意,不得任意延长或缩短。

本案中,该高校延长章某和杨某的试用期,尽管都有一定合理的理由,但因未能依法就变更试用期与章某和杨某进行协商,达成一致,属单方面变更劳动合同,该行为无效。那么,章某和杨某试用期仍然应该是三个月,学校解除他们的劳动合同之时已经过了试用期,学校再以用期表现不符合录用条件为由解除劳动合同属违法解除。学校应当同时承担违法约定试用期及违法解除劳动合同的法律责任。

由于《劳动合同法》对违法约定试用期的行为作出了明确、严厉的处罚规定,因此,为避免法律风险,高校应当严格遵守《劳动合同法》关于试用期的规定,同时为了减少用工成本,应当注意以下问题:

(1)高校应当根据具体岗位的情况,在遵守法律的前提下,确定一个对劳动者能力、品质有足够考察期限的试用期。建议一般的高校可以根据法律、法规规定的期限内采取三年劳动合同期限、六个月试用期的方式,这样可以充分地考察劳动者的综合水平是否符合高校的要求。

(2)对在试用期不符合录用条件的劳动者依法及时解除劳动合同,不要采取延长试用期的方式处理。

【法律条文链接】

《劳动法》

第十七条 订立和变更劳动合同,应当遵循平等自愿、协商一致的原则,不得违反法律、行政法规的规定。

《劳动合同法》

第十九条 劳动合同期限三个月以上不满一年的,试用期不得超过一个月;劳动合同期限一年以上不满三年的,试用期不得超过二个月;三年以上固定期限和无固定期限的劳动合同,试用期不得超过六个月。

同一用人单位与同一劳动者只能约定一次试用期。

以完成一定工作任务为期限的劳动合同或者劳动合同期限不满三个月的,不得约定试用期。

试用期包含在劳动合同期限内。劳动合同仅约定试用期的,试用期不成立,该期限为劳动合同期限。

第二十一条 在试用期中,除劳动者有本法第三十九条和第四十条第一项、第二项规定的情形外,用人单位不得解除劳动合同。用人单位在试用期解除劳动合同的,应当向劳动者说明理由。

2.7 试用期发现劳动者患有精神疾病等影响工作的病情应该怎么办

【案件回放】

时间:2009 年 10 月
争议双方:1. 洪某
　　　　　2. 北方 × × 大学
关键词:精神疾病,合同解除

洪某与北方 × × 大学签订了为期三年的劳动合同,任职助教,期限自 2009 年 10 月 17 日至 2012 年 10 月 16 日,其中试用期为六个月。2009 年 11 月 13 日,岳某在工作中,精神病突然发作,险些造成伤亡事故。11 月 27 日,洪某病情稳定后出院。单位领导认为,洪某身体状况已经不能适应高校工作,遂于 2010 年 1 月 12 日以“在试用期内经发现患有精神病,影响工作,不符合录用条件”为由,解除了双方的劳动合同。洪某不服,诉至当地劳动争议部门,要求继续履行劳动合同。

【法律分析】

《劳动合同法》中规定:劳动者患病或因工负伤,在规定的医疗期内的,用人单位不得依照本法第四十条、第四十一条的规定解除劳动合同。但是对于试用期解除并不受此限制。《劳动法》以及《劳动合同法》中都明确规定,劳动者在试用期间被证明不符合录用条件的,用人单位可以解除劳动合同。如果用人单位在招聘员工时,将患病不能正常提供劳动义务作为了不符合录用条件的内容,并且明确告诉了劳动者,因此即使属于医疗期内,用人单位也可以解除劳动合同。

在原劳动部的有关文件中也有对精神病类员工的相关解释。劳办发〔1995〕1 号《对〈关于患有精神病的合同制工人解除劳动合同问题的请示〉的复函》规定:“合同制工人在试用期间患精神病不符合录用条件的,应按劳动部办公厅《关于患有精神病的合同制工人医疗期问题的复函》的规定执行,即企业招用的合同制工人在试用期内发现患有精神病、不符合录用条件的,可以解除劳动合同。”此外,劳部发〔1996〕354 号《关于实行劳动合同制度若干问题的通知》第十一条也明确规定:“用人单位对新招用的职工,在试用期内发现并经有关机构确认患有精神病的,可以解除劳动合同。”

【法律条文链接】

《劳动法》

第二十五条 劳动者有下列情形之一的,用人单位可以解除劳动合同:
(一)在试用期间被证明不符合录用条件的;
(二)严重违反劳动纪律或者用人单位规章制度的;
(三)严重失职、营私舞弊,对用人单位利益造成重大损害的;

（四）被依法追究刑事责任的。

《劳动合同法》

第二十一条　在试用期中，除劳动者有本法第三十九条和第四十条第一项、第二项规定的情形外，用人单位不得解除劳动合同。用人单位在试用期解除劳动合同的，应当向劳动者说明理由。

第三十九条　劳动者有下列情形之一的，用人单位可以解除劳动合同：

（一）在试用期间被证明不符合录用条件的；

（二）严重违反用人单位的规章制度的；

（三）严重失职，营私舞弊，给用人单位造成重大损害的；

（四）劳动者同时与其他用人单位建立劳动关系，对完成本单位的工作任务造成严重影响，或者经用人单位提出，拒不改正的；

（五）因本法第二十六条第一款第一项规定的情形致使劳动合同无效的；

（六）被依法追究刑事责任的

第四十二条　劳动者有下列情形之一的，用人单位不得依照本法第四十条、第四十一条的规定解除劳动合同：

（一）从事接触职业病危害作业的劳动者未进行离岗前职业健康检查，或者疑似职业病病人在诊断或者医学观察期间的；

（二）在本单位患职业病或者因工负伤并被确认丧失或者部分丧失劳动能力的；

（三）患病或者非因工负伤，在规定的医疗期内的；

（四）女职工在孕期、产期、哺乳期的；

（五）在本单位连续工作满十五年，且距法定退休年龄不足五年的；

（六）法律、行政法规规定的其他情形。

2.8　在试用期内用人单位如何合法地解除劳动合同

【案件回放】

时间：2009 年 7 月

争议双方：1. 刘某

　　　　　2. 南方××大学

关键词：试用期，合同解除

2009 年 7 月，刚毕业的刘某与南方××大学签订了三年的劳动合同，从事教学工作，合同期限为 2009 年 7 月 1 日至 2012 年 6 月 30 日，其中试用期为三个月，从 2009 年 7 月 1 日至 2009 年 9 月 30 日。虽然刘某在学校业务平平，但也遵守该学校的规章制度，学校未在试用期内对刘某进行考核。2009 年 10 月 9 日，学校高层召开会议，建议裁减人员。由于刘某入职三个多月工作无突出表现，经学校研究决定解除与刘某的劳动合同，并向刘某送达了解除劳动合同通知书。刘某对此提出异议，认为没有对自己进行考核，而且试用期已过，学校无权辞退他。双方未能协商一致，于是刘某提起劳动仲裁，要求××大学支付违法解除劳动合同的赔偿金。

【法律分析】

《劳动合同法》中规定，劳动者在试用期间被证明不符合录用条件的，用人单位可以解除劳动合同。从该条规定中可知，劳动者必须是在试用期内被证明不符合录用条件，用人单位才能解除劳动合同。此外，劳动部办公厅对《关于如何确定试用期内不符合录用条件可以解除劳动合同的请示》的复函（劳办发〔1995〕16 号）对此进行了具体的规定，对试用期内不符合录用条件的劳动者，用人单位可以解除劳动合同；若超过试用期，则用人单位不能以试用期内不符合录用条为由解除劳动合同。

本案中，南方××大学并未在试用期内对刘某进行考核，而且提出解除劳动合同，并且已经过了试用期，不符合《劳动合同法》规定的“在试用期间被证明不符合录用条件”的规定，学校是违法解除与章某的劳动合同的，依法应当承担相应的法律后果。

法律虽然赋予了用人单位在试用期内依法解除劳动合同的权利，但在《劳动合同法》的背景下，高校要在试用期解除劳动合同，需要遵循法律规定的各种程序上的要求。那么在试用期怎样做才能合法解除劳动合同呢？一般来说，高校在试用期解除劳动者的合同须同时具备以下四个条件，缺一不可：

（1）高校制定录用条件。首先，高校应当在劳动合同或入职登记表中对员工所在工作岗位的工作内容进行明确、具体的规定和描述；其次，高校要对该录用条件进行公示，并要求员工对录用条件签字确认。

（2）有证据证明劳动者不符合录用条件。高校应当在试用期内对劳动者的表现进行考核，并作出客观的记录和评价。

（3）高校解除劳动合同通知书应当在试用期作出。超过试用期后，再以试用期表现不符合录用条件为由解除劳动合同，将不能得到支持。

（4）解除劳动合同通知书要说明理由并在试用期内交劳动者签收。

【法律条文链接】

《劳动合同法》

第三十九条 劳动者有下列情形之一的，用人单位可以解除劳动合同：

（一）在试用期间被证明不符合录用条件的；

（二）严重违反用人单位的规章制度的；

（三）严重失职，营私舞弊，给用人单位造成重大损害的；

（四）劳动者同时与其他用人单位建立劳动关系，对完成本单位的工作任务造成严重影响，或者经用人单位提出，拒不改正的；

（五）因本法第二十六条第一款第一项规定的情形致使劳动合同无效的；

（六）被依法追究刑事责任的。

《关于如何确定试用期内不符合录用条件可以解除劳动合同的请示》的复函

劳办发〔1995〕16号

对试用期内不符合录用条件的劳动者，用人单位后可以解除劳动合同，若超过试用期，则用人单位不能以试用期内不符合录用条件为由解除劳动合同。

2.9　如何证明劳动者在试用期内不符合录用条件

【案件回放】

时间：2008年11月
争议双方：1. 李某
　　　　　2. 南方××大学
关键词：试用期，解除合同

南方××大学招聘李某为单位直属建筑公司项目经理，并与其签订了为期三年的合同，约定试用期为四个月。三个月后，建筑公司单方面提出解除合同，原因是李某没有为建筑公司的项目进行很好地规划，导致公司的业绩下滑。为此，李某向劳动仲裁委员会提出了申诉，仲裁的结果是建筑公司败诉。

裁决建筑公司败诉的原因是由于建筑公司在招聘广告中并没有列明录用条件，而且劳动合同签订后，建筑公司也没有明确具体的职务说明书，也没有书面告知李某该职务的工作内容以及岗位要求。因此在质证时，建筑公司无法出具当初双方认可的录用条件要求，从而败诉。

【法律分析】

在试用期中提出解聘，是许多单位在解聘员工中经常使用的"杀手锏"，部分单位的管理人员认为，单位并没有承诺员工什么，想让你离开就可以让你离开。其实并不然，在我国的《劳动法》以及地方的法规中，对试用期解聘都作了明确的限定：在试用期被证明不符合录用条件的，其中最容易被忽视的关键点就在于"被证明"以及"录用条件"，而这正是容易被对方抓住把柄的软肋。本案中，如果用人单位在招聘广告中就明确录用的条件，或者在招聘广告中先笼统说明录用的条件，然后再在劳动合同或入职登记表上具体列明录用条件，那么败诉的就可能不是用人单位了。现实中用人单位应当做好劳动者在试用期不能胜任工作的记录和证据，如考勤、工作情况的记录、不能理解本岗位工作职责等。

【法律条文链接】

《劳动合同法》

第二十一条　在试用期中，除劳动者有本法第三十九条和第四十条第一项、第二项规定的情形外，用人单位不得解除劳动合同。用人单位在试用期解除劳动合同的，应当向劳动者说明理由。

第三十九条 劳动者有下列情形之一的,用人单位可以解除劳动合同:

(一)在试用期间被证明不符合录用条件的;

(二)严重违反用人单位的规章制度的;

(三)严重失职,营私舞弊,给用人单位造成重大损害的;

(四)劳动者同时与其他用人单位建立劳动关系,对完成本单位的工作任务造成严重影响,或者经用人单位提出,拒不改正的;

(五)因本法第二十六条第一款第一项规定的情形致使劳动合同无效的;

(六)被依法追究刑事责任的。

第 3 章 劳动合同履行和变更中的风险与防范

3.1 劳动合同的履行

3.1.1 用人单位拖欠、克扣劳动者工资将面临什么风险

【案件回放】

时间:2012 年 10 月
争议双方:1. 员工
　　　　　2. 南方××大学
关键词:工资,拖欠

2012 年 10 月,南方××大学因资金周转紧张,决定从即日起将单位员工每月的工资减半发放,拖欠的工资等学校资金状况有所好转后再一次性补发给单位员工。该学校是否可以这么做?如果这么做,将会有什么风险?

【法律分析】

根据法律规定,如果劳动者按劳动合同的规定,按质按量地完成了工作,用人单位就应按法律规定以及劳动合同约定的时间足额发放劳动报酬,这是用人单位的法定义务。如果用人单位无故拖欠、克扣劳动者的报酬,除非用人单位跟劳动者协商达成统一,否则,根据《劳动合同法》的规定,用人单位未及时足额支付劳动报酬的,劳动者可以解除劳动合同。该法第八十五条还规定,用人单位未按照劳动合同的约定或者国家规定及时足额支付劳动报酬的,劳动行政部门应责令限期支付劳动报酬,逾期不支付的,责令用人单位按照应付金额百分之五十以上百分之一百以下的标准向劳动者加付赔偿金。此外,劳动者如以用人单位未足额支付劳动报酬为由解除劳动合同,还可依据该法第四十六条、第四十七条规定及自身工作的年限向用人单位主张经济补偿。

在本案中,南方××大学为缓解资金周转压力,应就延付工资事宜与员工达成一致意见,并签订书面文件;否则,学校拖欠、克扣工资的行为将造成员工的不安,不利于学校的稳定及生产经营。同时,一旦员工主张解除劳动合同与经济补偿金及赔偿金时,学校将遭受到不必要的损失。

【法律条文链接】

《劳动合同法》

第三十八条 用人单位有下列情形之一的,劳动者可以解除劳动合同:

(一)未按照劳动合同约定提供劳动保护或者劳动条件的;

(二)未及时足额支付劳动报酬的;

(三)未依法为劳动者缴纳社会保险费的;

(四)用人单位的规章制度违反法律、法规的规定,损害劳动者权益的;

(五)因本法第二十六条第一款规定的情形致使劳动合同无效的;

(六)法律、行政法规规定劳动者可以解除劳动合同的其他情形。

用人单位以暴力、威胁或者非法限制人身自由的手段强迫劳动者劳动的,或者用人单位违章指挥、强令冒险作业危及劳动者人身安全的,劳动者可以立即解除劳动合同,不需事先告知用人单位。

第四十六条 有下列情形之一的,高校应当向劳动者支付经济补偿:

(一)劳动者依照本法第三十八条规定解除劳动合同的;

(二)用人单位依照本法第三十六条规定向劳动者提出解除劳动合同并与劳动者协商一致解除劳动合同的;

(三)用人单位依照本法第四十条规定解除劳动合同的;

(四)用人单位依照本法第四十一条第一款规定解除劳动合同的;

(五)除用人单位维持或者提高劳动合同约定条件续订劳动合同,劳动者不同意续订的情形外,依照本法第四十四条第一项规定终止固定期限劳动合同的;

(六)依照本法第四十四条第四项、第五项规定终止劳动合同的;

(七)法律、行政法规规定的其他情形。

第四十七条 经济补偿按劳动者在本单位工作的年限,每满一年支付一个月工资的标准向劳动者支付。六个月以上不满一年的,按一年计算;不满六个月的,向劳动者支付半个月工资的经济补偿。

劳动者月工资高于高校所在直辖市、设区的市级人民政府公布的本地区上年度职工月平均工资三倍的,向其支付经济补偿的标准按职工月平均工资三倍的数额支付,向其支付经济补偿的年限最高不超过十二年。

本条所称月工资是指劳动者在劳动合同解除或者终止前十二个月的平均工资。

第八十五条 高校有下列情形之一的,由劳动行政部门责令限期支付劳动报酬、加班费或者经济补偿;劳动报酬低于当地最低工资标准的,应当支付其差额部分;逾期不支付的,责令高校按应付金额百分之五十以上百分之一百以下的标准向劳动者加付赔偿金:

(一)未按照劳动合同的约定或者国家规定及时足额支付劳动者劳动报酬的;

(二)低于当地最低工资标准支付劳动者工资的;

(三)安排加班不支付加班费的;

(四)解除或者终止劳动合同,未依照本法规定向劳动者支付经济补偿的。

3.1.2　用人单位要求劳动者加班时应处理好的问题

【案件回放】

时间:2010 年 5 月
争议双方:1. 张某
　　　　2. 北方××大学
关键词:加班,约定

2010 年 5 月,××大学下设生产单位根据采购商的要求,决定将一批产品提前两天出货,于是该部门领导临时决定从即日起四天内每天加班四个小时。生产车间的张某自觉最近身体不好,不想加班,听说要加班,于是急忙找到单位主管进行说明。主管正为赶任务而发愁,哪里肯同意。最终,在主管未同意的情况下,张某没有参加加班工作。次日,主管找到张某,告知单位领导决定让他停职并作检讨,按单位规定还要扣发他两天的工资。张某不服,认为加不加班是劳动者个人的权利,况且自己就不参加加班之理由已向主管作了说明,单位的处理不对,应予以纠正。

【法律分析】

为了保护劳动者的休息权利与身体健康,我国严格限制用人单位延长劳动者的工作时间的行为。《劳动法》中规定,用人单位由于生产经营需要,经与工会和劳动者协商后可以延长工作时间,一般每日不得超过一小时;因特殊原因需要延长工作时间的,在保障劳动者身体健康的条件下延长工作时间每日不得超过三小时,但是每月不得超过三十六小时。第四十三条规定,用人单位不得违反本法规定延长劳动者的工作时间。因此,在一般的情况下,高校不得随意安排员工加班;如果学校决定安排劳动者加班的,应进一步与劳动者协商,在劳动者同意的情况下才可以安排加班,如果劳动者不同意加班,便不能强迫劳动者加班。本案例中,学校随意安排加班,且在张某不同意加班的情况下,对未从事加班工作的张某作出的处理决定是无效的,理应予以纠正。

高校在安排劳动者加班时,应根据本单位的特点,遵照一定的程序进行。在具体操作时应注意如下问题:

(1)就加班的原因、需要加班的时间及工作量等向单位的工会或劳动者代表或全体劳动者作出说明,做好协商工作,在劳动者同意的情况下方可安排加班。

(2)对同意加班的劳动者,可以在适当的时间要求其填写书面“加班申请书”“加班时间考勤表”等类似文件,以证实加班事宜已得到加班劳动者的书面同意,同时也便于统计劳动者的加班时间,计算加班费。

(3)劳动者每月加班的时间要控制在法律规定的范围内。劳动者的休息权是法定的权利,任何人非依法定程序不可剥夺,否则就是侵犯劳动者的合法权利。

(4)高校如安排劳动者加班,应按国家有关规定及时支付加班费或调休、补休。

【法律条文链接】

《劳动法》

第四十一条 用人单位由于生产经营需要,经与工会和劳动者协商后可以延长工作时间,一般每日不得超过一小时;因特殊原因需要延长工作时间的,在保障劳动者身体健康的条件下延长工作时间每日不得超过三小时,但是每月不得超过三十六小时。

第四十三条 用人单位不得违反本法规定延长劳动者的工作时间。

第四十四条 有下列情形之一的,用人单位应当按照下列标准支付高于劳动者正常工作时间工资的工资报酬:

(一)安排劳动者延长工作时间的,支付不低于工资的百分之一百五十的工资报酬;

(二)休息日安排劳动者工作又不能安排补休的,支付不低于工资的百分之二百的工资报酬;

(三)法定休假日安排劳动者工作的,支付不低于工资的百分之三百的工资报酬。

《劳动合同法》

第三十一条 用人单位应当严格执行劳动定额标准,不得强迫或者变相强迫劳动者加班。用人单位安排加班的,应当按照国家有关规定向劳动者支付加班费。

《关于贯彻执行〈中华人民共和国劳动法〉若干问题的意见》

第六十条 实行每天不超过8小时,每周不超过44小时或40小时标准工作时间制度的企业,以及经批准实行综合计算工时工作制的企业,应当按照劳动法的规定支付劳动者延长工作时间的工资报酬。全体职工已实行劳动合同制度的企业,一般管理人员(实行不定时工作制人员除外)经批准延长工作时间的,可以支付延长工作时间的工资报酬。

第六十一条 实行计时工资制的劳动者的日工资,按其本人月工资标准除以平均每月法定工作天数(实行每周40小时工作制的为21.46天,实行每周44小时工作制的为23.33天)进行计算。

第六十二条 实行综合计算工时工作制的企业职工,工作日正好是周休息日的,属于正常工作;工作日正好是法定节假日时,要依照劳动法第四十四条第(三)项的规定支付职工的工资报酬。

3.1.3 用人单位不提供劳动保护措施将面临什么法律风险

【案件回放】

时间:2012年3月

争议双方:1.章某

2.北方××大学

关键词:加班,约定

2012年3月,章某在北方××大学找到一份电工工作,双方签订了为期三年的劳动合同。工作后,章某感觉到该岗位的安全措施基本是空白,出事故的危险系数很大,于是就向部门领导提议，要求××大学电工部门做足安全措施后，他才会从事约定的工作。部门领导向上级请示后回复拒绝，章某坚持不肯到危险区域工作。学校遂以章某的行为违反劳动合同，作出辞退章某的决定。章某不服，在律师的帮助下向当地劳动争议仲裁委员会提起劳动仲裁，要求确认××大学解除劳动合同的行为违法，并要求该学校支付违法解除劳动合同的赔偿金。劳动争议仲裁委员会经审理后依法支持了章某的诉求。

【法律分析】

在劳动生产经营过程中，存在着各种不安全的因素，如不采取相应的保障措施，对劳动者进行相应的保护，就有可能危及劳动者的身体健康甚至是生命，故国家通过法律严格保护劳动者在劳动、生产经营中的劳动安全权利。《劳动法》中明确规定，劳动安全卫生设施必须符合国家规定的标准。该法第五十六条规定，劳动者对用人单位管理人员违章指挥、强令冒险作业的，有权拒绝执行；对用人单位危害生命安全和身体健康的行为，有权提出批评、检举和控告。《劳动合同法》中规定，劳动者拒绝用人单位管理人员违章指挥、强令冒险作业的，不视为违反劳动合同。根据上述规定，本案例中，章某有权拒绝高校领导强令其冒险作业，章某的行为不能视为违反劳动合同的行为。因此，××大学以章某违反劳动合同为由解除劳动合同的做法是错误的，××大学的行为属于典型的违法解除劳动合同。按照《劳动合同法》第四十七条和第八十七条规定，××大学应向章某支付违法解除劳动合同的赔偿金。劳动争议仲裁委员会支持章某的诉求是正确的。

有些高校漠视安全教育，有时还采用各种手段强迫劳动者违章冒险作业，如学校维修电路、供热的工作。一旦发生这样的情况，劳动者有权依法拒绝工作并解除劳动合同，且主张经济补偿金。这样违法操作对高校可谓是有百害而无一利，一旦发生安全事故，不仅会严重威胁到劳动者的身体健康或生命安全，高校还须承担相应的民事、刑事责任。

高校在生产经营过程中，不要强迫劳动者冒险工作，而应根据自身的特点，依据法律法规与相应政策文件的规定以及劳动者的建议，做足安全措施，以保障本单位的安全生产经营，保障劳动者的合法权益。同时，高校在平时也应加强生产经营中突发安全事故的演习，降低、避免安全事故发生时可能造成的人、财、物等方面的损失。

【法律条文链接】

《劳动法》

第五十三条 劳动安全卫生设施必须符合国家规定的标准。新建、改建、扩建工程的劳动安全卫生设施必须与主体工程同时设计、同时施工、同时投入生产和使用。

第五十六条 劳动者在劳动过程中必须严格遵守安全操作规程。劳动者对用人单位管理人员违章指挥、强令冒险作业，有权拒绝执行；对危害生命安全和身体健康的行为，有权提出批评、检举和控告。

《劳动合同法》

第三十八条 用人单位有下列情形之一的，劳动者可以解除劳动合同：

（一）未按照劳动合同约定提供劳动保护或者劳动条件的；

（二）未及时足额支付劳动报酬的；

（三）未依法为劳动者缴纳社会保险费的；

（四）用人单位的规章制度违反法律、法规的规定，损害劳动者权益的；

（五）因本法第二十六条第一款规定的情形致使劳动合同无效的；

（六）法律、行政法规规定劳动者可以解除劳动合同的其他情形。

用人单位以暴力、威胁或者非法限制人身自由的手段强迫劳动者劳动的，或者用人单位违章指挥、强令冒险作业危及劳动者人身安全的，劳动者可以立即解除劳动合同，不需事先告知用人单位。

第四十六条　有下列情形之一的，用人单位应当向劳动者支付经济补偿：

（一）劳动者依照本法第三十八条规定解除劳动合同的；

（一）劳动者依照本法第三十八条规定解除劳动合同的；

（二）用人单位依照本法第三十六条规定向劳动者提出解除劳动合同并与劳动者协商一致解除劳动合同的；

（三）用人单位依照本法第四十条规定解除劳动合同的；

（四）用人单位依照本法第四十一条第一款规定解除劳动合同的；

（五）除用人单位维持或者提高劳动合同约定条件续订劳动合同，劳动者不同意续订的情形外，依照本法第四十四条第一项规定终止固定期限劳动合同的；

（六）依照本法第四十四条第四项、第五项规定终止劳动合同的；

（七）法律、行政法规规定的其他情形。

第八十七条　用人单位违反本法规定解除或者终止劳动合同的，应当依照本法第四十七条规定的经济补偿标准的二倍向劳动者支付赔偿金。

3.1.4　劳动合同中止履行期间，用人单位能否不支付此期间工资

【案件回放】

时间：2010 年 5 月

争议双方：1. 王某

　　　　　2. 北方××大学

关键词：合同中止，工资

2010 年 5 月，在北方××大学部门车间工作的王某因涉嫌赌博罪被公安机关拘留。半个月后，公安机关经查证，认为王某没有涉及这起赌博案件当中，于是决定释放王某。王某回到学校后，在次月领工资时发现所领取的上个月工资少了近一半。经询问学校财务部与人事部工作人员，才知道学校将其被拘留的半个月算成了事假，按学校规定扣发了这半个月的工资。王某觉得很委屈，认为学校不应扣除他拘留期间的工资，毕竟他没有过错。于是王某找到高校领导，要求高校补发其被扣掉的工资。双方经交涉无果，王某遂向当地劳动行政部门投诉。

【法律分析】

本案例中，××大学有权扣发王某被拘留期间的工资，因为劳动者向高校获取工资的代价是其向高校提供了正常的劳动，王某被拘留期间，没有向高校提供劳动，高校按其内部

规定扣发王某在此期间的工资是于法有据的。原劳动部《关于贯彻执行〈中华人民共和国劳动法〉若干问题的意见》第二十八条规定，劳动者涉嫌违法犯罪被有关机关收容审查、拘留或逮捕的，用人单位在劳动者被限制人身自由期间，可与其暂时停止劳动合同的履行。王某被拘留期间，无法履行劳动义务，这期间的劳动合同实际上是处于暂时停止履行状态（即中止状态）的，且这种现象不是学校的行为造成的，故学校不承担劳动合同规定的相应义务，包括此期间工资的支付。至于王某被拘留期间的损失，他可以根据《国家赔偿法》的有关规定，向有关部门索赔。

在发生员工因涉嫌刑事法律而接受司法调查等事项而导致劳动合同中止履行的情况下，高校在劳动关系处理时应注意如下问题。

（1）准确判断劳动者在履行劳动合同过程中出现的情形是否属于可以中止履行劳动合同的情形，即劳动者是否涉嫌违法犯罪而被有关机关收容审查、拘留或逮捕。

（2）当劳动者出现上述情形时，高校也只是暂时中止履行与劳动者的劳动合同，其无须承担劳动合同中的义务，但这并不意味着双方的劳动合同解除或终止。

（3）如果劳动者经国家有关机关审查确认构成刑事责任的，高校可以据此为由解除与劳动者的劳动合同，且不用支付经济补偿。

（4）如果劳动者经国家有关机关审查确认不构成刑事责任的，劳动者与高校的劳动合同恢复履行，双方应按照劳动合同的约定履行义务，享有权利；如果高校需要解除或终止协议的，则需要向劳动者支付赔偿金或经济补偿金。

【法律条文链接】

劳动部《关于贯彻执行〈中华人民共和国劳动法〉若干问题的意见》

第二十八条　劳动者涉嫌违法犯罪被有关机关收容审查、拘留或逮捕的，用人单位在劳动者被限制人身自由期间，可与其暂时停止劳动合同的履行。暂时停止履行劳动合同期间，用人单位不承担劳动合同规定的相应义务。劳动者经证明被错误限制人身自由的，暂时停止履行劳动合同期间劳动者的损失，可由其依据《国家赔偿法》要求有关部门赔偿。

《劳动合同法》

第四十四条　有下列情形之一的，劳动合同终止：

（一）劳动合同期满的；

（二）劳动者开始依法享受基本养老保险待遇的；

（三）劳动者死亡，或者被人民法院宣告死亡或者宣告失踪的；

（四）用人单位被依法宣告破产的；

（五）用人单位被吊销营业执照、责令关闭、撤销或者用人单位决定提前解散的；

（六）法律、行政法规规定的其他情形。

第四十六条　有下列情形之一的，用人单位应当向劳动者支付经济补偿：

（一）劳动者依照本法第三十八条规定解除劳动合同的；

（二）用人单位依照本法第三十六条规定向劳动者提出解除劳动合同并与劳动者协商一致解除劳动合同的；

（三）用人单位依照本法第四十条规定解除劳动合同的；

(四)用人单位依照本法第四十一条第一款规定解除劳动合同的;

(五)除用人单位维持或者提高劳动合同约定条件续订劳动合同,劳动者不同意续订的情形外,依照本法第四十四条第一项规定终止固定期限劳动合同的;

(六)依照本法第四十四条第四项、第五项规定终止劳动合同的;

(七)法律、行政法规规定的其他情形。

第四十八条 用人单位违反本法规定解除或者终止劳动合同,劳动者要求继续履行劳动合同的,用人单位应当继续履行;劳动者不要求继续履行劳动合同或者劳动合同已经不能继续履行的,用人单位应当依照本法第八十七条规定支付赔偿金。

3.1.5 用人单位分立或合并后新用人单位应如何履行劳动者与原用人单位的劳动合同

【案件回放】

时间:2008 年 11 月

争议双方:1. 集体劳动者

2. 南方××职业学院

关键词:合并,合同执行

2008 年 11 月,南方××职业学院合并了一家小型大专院校,合并后,学校领导层决定裁掉一批原小型高校的员工。这批被列入裁员名单的劳动者接受被裁掉的现实,但要求学校支付相应的解除劳动合同的经济补偿。学校不予支付。

【法律分析】

《劳动合同法》中规定:"用人单位发生合并或者分立等情况,原劳动合同继续有效,劳动合同由承继其权利和义务的用人单位继续履行。"由此可见,劳动者与用人单位建立劳动关系后,用人单位发生变更(包含分立或合并),原用人单位与劳动者在劳动合同中规定的权利义务承受者,因此有义务承担原劳动者在劳动合同中规定的权利义务。本案例中的情形就是典型的用人单位之间的合并,股份高校成为了原两所高校的权利义务承受者,因此有义务承担原劳动合同规定的义务。股份高校欲裁掉这部分员工,员工也予以接受,是符合《劳动合同法》第四十六条第二项规定的情形,即股份高校提出解除劳动合同并与这部分劳动者协商达成了一致,故××职业学院需要按该条款之规定向这批劳动者支付解除劳动合同的经济补偿。

如果高校分立或与其他高校合并,应当对劳动者作出妥善安排。在具体安排时,应特别注意如下事项:

(1)当高校分立为两个彼此独立的高校时,应当对原高校劳动者作出妥善安排。原高校与劳动者的劳动合同并不因为原高校分立而自动终止,而仍然有效,分立后的高校不得以高校分立为理由而解除与劳动者的劳动合同,如果意欲解除劳动合同,应当支付赔偿金或经济补偿金。

(2)当高校与其他高校合并时,原高校与劳动者的劳动合同直接约束高校,合并后的高校应按照原劳动约定履行义务,不得随意解除与劳动者的劳动合同,否则,可能承担支付赔偿金或经济补偿金的责任。

【法律条文链接】

《劳动合同法》

第三十四条　用人单位发生合并或者分立等情况，原劳动合同继续有效，劳动合同由承继其权利和义务的用人单位继续履行。

第三十六条　用人单位与劳动者协商一致，可以解除劳动合同。

第四十六条　有下列情形之一的，用人单位应当向劳动者支付经济补偿：

（一）劳动者依照本法第三十八条规定解除劳动合同的；

（二）用人单位依照本法第三十六条规定向劳动者提出解除劳动合同并与劳动者协商一致解除劳动合同的；

（三）用人单位依照本法第四十条规定解除劳动合同的；

（四）用人单位依照本法第四十一条第一款规定解除劳动合同的；

（五）除用人单位维持或者提高劳动合同约定条件续订劳动合同，劳动者不同意续订的情形外，依照本法第四十四条第一项规定终止固定期限劳动合同的；

（六）依照本法第四十四条第四项、第五项规定终止劳动合同的；

（七）法律、行政法规规定的其他情形。

3.1.6　劳动者不转档案可以不为其上保险吗

【案件回放】

时间:2009 年 8 月

争议双方:1. 刘某、李某

2. 北方 × × 大学

关键词:档案转移，社会保险

2009 年 8 月，北方 × × 大学后勤新招了一批员工从事采购工作，其中刘某和李某都是南方 × × 大学毕业生。在与两位求职者的谈话中，部门负责招聘的领导特意问他们的档案是否能调来，如果能调来，学校可以负责为其缴纳社会保险费，如果不能，单位将不予缴纳。由于刘某、李某两人都表示无法将档案转移到该学校，该学校在办理社会保险登记手续时，就没将他们报到社会保险经办机构。

2010 年 4 月份，当地的劳动保障局开展社会保险执法大检查，发现 × × 大学没有为刘某、李某等人缴纳社会保险费。对此，× × 大学解释说:“不是我们不给他们上保险，是因为他们的档案不在单位，没有档案怎么能上保险呢?”

【法律分析】

本案中，该学校将档案关系与社会保险关系等同起来，以为员工的档案不能转移到本学校就可以不参加社会保险，这显然是错误的。面对劳动监察部门的整改通知，该高校应当及时为刘某、李某等二人办理社会保险登记手续，补缴以前的社会保险费。

职工档案是单位劳动、组织、人事等部门在录用、调配、培训、考核、奖惩、选拔和任用等工作中形成的有关劳动者个人经历、政治思想、工作表现以及工作变动等情况的文件材料，是全面地考察员工的主要依据。在计划经济条件下，用人单位对员工的档案享有一定的保管权，档案随人走，劳动关系在哪儿档案就转移到哪儿。因此，档案关系往往被视为劳动关系存在的主要依据。而社会保险关系作为市场经济下的产物，它是以劳动关系的建立为前提的，只要用人单位与劳动者建立了劳动合同关系或者事实劳动关系，不管档案保存在哪里，用人单位都必须依法为劳动者缴纳社会保险。

【法律条文链接】

《劳动法》

第七十二条　社会保险基金按照保险类型确定资金来源，逐步实行社会统筹。用人单位和劳动者必须依法参加社会保险，缴纳社会保险费。

《企业职工档案管理工作规定》

第十八条　企业职工调动、辞职、解除劳动合同或被开除、辞退等，应由职工所在单位在 1 个月内将其档案转交其新的工作单位或其户口所在地的街道劳动(组织人事)部门，职工被劳教、劳改，原所在单位今后还准备录用的，其档案由原所在单位保管。

3.1.7　社会保险费能否直接发放给劳动者

【案件回放】

时间:2012 年 8 月
争议双方:1. 夏某
　　　　　2. 北方 × ×大学
关键词:保险费，现金发放

2012 年 8 月，北方 × ×大学计算机学院需要新研发一款应用软件，从南方高薪聘请了软件开发工程师夏某，月工资 2 万元。夏某到学校报到后，× ×高校根据相关规定为其办理了社会保险登记手续。然而，在发放第一个月的工资时，夏某看到自己的医疗、养老统筹[①]保险费等项目竟被扣掉 700 多元时，提出放弃缴纳社会保险的权利，不需要缴纳社会保险。夏某对单位领导解释说，自己现在还不到 30 岁，离法定退休还有 30 多年，谁知道将来的社会保险会是什么样子？并且，凭着自己的学历和技术，即使不参加社会保险，也不用担心将来的养老问题，失业一说就更不存在了。在夏某的一再坚持下，× ×大学同意不再为夏某缴纳社会保险费，还将单位应当缴纳的部分发给了夏某本人。同时，学校让夏某写了一份申请书，内容是夏某主动放弃参加社会保险的权利，并将有关社会保险费用支付给本人。三个月后，劳动监察部门检查时发现这个问题，不但要求 × ×大学在规定的时间内进行整

① 所谓统筹，就是在一定的范围内，统一筹划养老保险基金的征缴、管理和使用。每个统筹区各自负责本区域养老保险基金的平衡，结余主要归本统筹区支配和使用，缺口一般都需要本级政府和本级财政填补。

改，还必须补缴前三个月的社会保险费，否则将对学校进行处罚。

【法律分析】

根据《劳动法》的规定，用人单位和劳动者必须依法参加社会保险，缴纳社会保险费。社会保险区别于商业保险的一个重要特征就是国家强制性。

《中华人民共和国劳动法》规定："社会保险基金按照保险类型确定资金来源，逐步实行社会统筹。用人单位和劳动者必须依法参加社会保险，缴纳社会保险费"，参加社会保险是单位和劳动者的法定义务。依据《社会保险费征缴暂行条例》的相关规定，单位应为劳动者办理参加社会保险手续，为职工缴纳社会保险费，个人承担的部分由单位从本人工资中代扣代缴。

社会保险的国家强制性主要表现在以下三个方面。一是社会保险既是职工的权利，也是职工的义务。如果单纯从权利的角度来看，职工是可以放弃参加社会保险的权利的，但是参加社会保险同时也是职工的一项法定义务，对于义务，职工当然无权放弃。二是用人单位不但应当依法为其员工缴纳社会保险费，还要履行代扣代缴的义务。也就是说，用人单位不但要主动履行自己的缴费义务，还要负责员工的代扣代缴工作。三是社会保险的申诉不受劳动争议时效 1 年期的限制。根据《劳动争议调解仲裁法》的规定，劳动争议的时效为 1 年，从知道或者应当知道权利被侵害之日算起。如果超过 1 年申诉期，仲裁委员会将不再保护当事人的权利。但是，如果是社会保险争议，即使超过了 1 年期，劳动保障部门也应当依法受理，并保护当事人的合法权利。

具体到本案，无论是夏某，还是学校，都忽视了社会保险的国家强制性，认为经过员工申请或双方协商一致，用人单位就可以不再参加社会保险，这种看法显然是错误的。

实践中，关于社会保险方面的误区还有：档案不在企业，不参加社会保险；户口不在本地，不给参加社会保险；农民工不参加社会保险；不按时足额缴纳社会保险费等。

【法律条文链接】

《劳动法》

第七十二条　社会保险基金按照保险类型确定资金来源，逐步实行社会统筹。用人单位和劳动者必须依法参加社会保险，缴纳社会保险费。

《劳动争议调解仲裁法》

第二十七条　劳动争议申请仲裁的时效期间为一年。仲裁时效期间从当事人知道或者应当知道其权利被侵害之日起计算。

前款规定的仲裁时效，因当事人一方向对方当事人主张权利，或者向有关部门请求权利救济，或者对方当事人同意履行义务而中断。从中断时起，仲裁时效期间重新计算。

因不可抗力或者有其他正当理由，当事人不能在本条第一款规定的仲裁时效期间申请仲裁的，仲裁时效中止。从中止时效的原因消除之日起，仲裁时效期间继续计算。

劳动关系存续期间因拖欠劳动报酬发生争议的，劳动者申请仲裁不受本条第一款规定的仲裁时效期间的限制；但是，劳动关系终止的，应当自劳动关系终止之日起一年内提出。

3.1.8 服务期与劳动合同期限不一致,违约责任如何处理

【案件回放】

时间:2014 年 7 月
争议双方:1. 龚某
2. 东北××大学
关键词:培训,续签

2009 年 7 月,龚某大学毕业后与东北××大学签订了为期五年的劳动合同。由于龚某工作努力,一年后,东北××大学选送他到上海某专业培训机构进行培训。培训前,该高校与龚某签订了培训协议,双方约定:东北××大学出资对龚某进行为期一年的专业培训,龚某在培训结束后为东北××大学服务 5 年,如果提前解除合同,龚某应当承担违约金 5 万元。在外地培训后龚某即回到东北××大学工作。2014 年 7 月,双方的劳动合同期限届满,龚某提出不再续签。东北××大学认为,虽然劳动合同期届满,但是双方培训协议还没有到期,龚某应当续签劳动合同至服务期满,否则应当向学校支付违约金。而龚某认为,续签劳动合同应当本着平等自愿、协商一致的原则,东北××大学无权强迫;另外,培训协议是从属于劳动合同的,现在劳动合同到期,双方劳动关系终止,培训协议也应随之终止。因此,自己没有违约,不需要向东北××大学支付违约金。双方为此产生了争执。

【法律分析】

培训协议中约定的服务期限与劳动合同期限不一致时会产生怎样的法律后果呢?对此,本书编者经与多方法律界专业人士研讨,认为应当视情况而定。在服务期短于劳动合同期限的情形下,服务期满后劳动合同的履行不受服务期的影响,解除劳动合同的,劳动者不需要承担违约责任。在服务期长于劳动合同期限的情形下,又可以分为两种情况:第一,劳动合同期限届满,用人单位不再续签劳动合同的,劳动合同和培训协议同时终止,劳动者不必承担违约金;第二,劳动合同期限届满,用人单位要求劳动者继续履行至服务期满的,双方应当续订劳动合同或者将原合同期限变更为与服务期限一致。服务期内,劳动者要求解除劳动合同的,应当承担违约责任。

在本案例中,龚某的劳动合同先于培训协议到期,东北××大学要求龚某按照服务期限续签劳动合同或者按照培训期协议承担违约责任并无不当。龚某应当继续履行劳动合同至服务期满,或者承担服务期尚未履行部分应当分摊的培训费用。

用人单位和劳动者约定服务期时,不仅要约定服务期的长短,还要约定服务期的起算时间,以便清晰确定服务期。有关服务期的起算点,法律没有作出强行性规定,由用人单位与劳动者协商确定。一般来说,可以将培训开始之日、培训结束之日、劳动合同期限届满之日作为服务期的起算点。在实务中多以培训结束之日作为起算点。

【法律条文链接】

《劳动合同法》

第二十二条 用人单位为劳动者提供专项培训费用,对其进行专业技术培训的,可以与该劳动者订立协议,约定服务期。

劳动者违反服务期约定的,应当按照约定向用人单位支付违约金。违约金的数额不得超过用人单位提供的培训费用。用人单位要求劳动者支付的违约金不得超过服务期尚未履行部分所应分摊的培训费用。

用人单位与劳动者约定服务期的,不影响按照正常的工资调整机制提高劳动者在服务期期间的劳动报酬。

《劳动合同法实施条例》

第十六条 劳动合同法第二十二条第二款规定的培训费用,包括用人单位为了对劳动者进行专业技术培训而支付的有凭证的培训费用、培训期间的差旅费用以及因培训产生的用于该劳动者的其他直接费用。

3.1.9 劳动合同无效是否必然导致劳动关系无效

【案件回放】

时间:2011 年 11 月
争议双方:1. 张某
　　　　　2. ××大学
关键词:假文凭,伪造

2011 年 11 月中旬,张某利用假文凭求职,被××大学录用为职员。××大学与其签订了为期 3 年的劳动合同,劳动合同履行 1 年后,××大学发现张某的工作表现与其学历不符,是伪造的。因此,拒绝给张某支付最近两个月的工资。张某要求××大学给付拖欠的工资,双方发生争议,张某向劳动争议仲裁委员会提出申请,要求给付拖欠工资;而××大学则请求仲裁委员会确认劳动合同无效①。

【法律分析】

这个案例属于“假文凭求职”案。案中劳动者利用假文凭等虚假信息欺骗用人单位与其订立劳动合同,该劳动合同当然是无效的。但是,劳动合同无效后,李某和某公司的劳动关系是否就不存在了呢?答案当然是否定的。在履行劳动合同期间,李某付出了劳动,故

① 无效的劳动合同,是指当事人所订立的劳动合同不符合法律、法规规定,或缺少有效要件,导致全部或部分不具有法律效力的劳动合同。劳动合同无效是与劳动合同有效相对而言的概念,劳动合同依法成立,经双方当事人签字盖章即具有法律效力,对双方当事人都有法律约束力,双方必须履行劳动合同中规定的义务。而无效劳动合同不能发生当事人预期的法律后果,造成劳动合同无效的责任者还应承担相应的法律责任。法律规定劳动合同无效制度,主要是为了切实维护劳动者的合法权益,防止用人单位在订立劳动合同时利用劳动者求职时的弱势地位进行欺诈或作出显失公平的约定。

即使李某和公司的劳动合同无效,该公司仍应向李某支付劳动报酬。

劳动合同无效后,需要注意以下几点:

(1)劳动合同无效,必须由劳动争议仲裁机构或者人民法院确认。尽管存在《劳动合同法》规定的情形,但是在当事人未依法申请确认劳动合同无效,并在劳动争议仲裁机构或人民法院依法确认其无效之前,劳动合同原则上是合法有效的。只有劳动争议仲裁机构或人民法院有权确认劳动合同无效。

(2)劳动合同无效的,但已经履行的部分仍应给付劳动报酬。劳动合同被确认无效,劳动者已付出劳动的,用人单位应当向劳动者支付劳动报酬。劳动报酬的数额,参照本单位相同或者相近岗位劳动者的劳动报酬确定,不能以劳动合同无效而拒绝支付。

(3)劳动合同无效并不必然导致劳动关系无效。劳动合同并不等于劳动关系,劳动合同仅仅是劳动关系权利义务确立的重要依据并非全部。脱离劳动合同,劳动关系依然存在。但是,如果是由于劳动关系本身存在违反公共利益、违反法律、行政法规的强行性规定的,则不仅仅劳动合同无效,劳动关系也无效。

【法律条文链接】

《劳动合同法》

第三条 订立劳动合同,应当遵循合法、公平、平等自愿、协商一致、诚实信用的原则。

依法订立的劳动合同具有约束力,用人单位与劳动者应当履行劳动合同约定的义务。

第二十六条 下列劳动合同无效或者部分无效:

(一)以欺诈、胁迫的手段或者乘人之危,使对方在违背真实意思的情况下订立或者变更劳动合同的;

(二)用人单位免除自己的法定责任、排除劳动者权利的;

(三)违反法律、行政法规强制性规定的。

对劳动合同的无效或者部分无效有争议的,由劳动争议仲裁机构或者人民法院确认。

3.1.10 用人单位安排加班,员工同意的,是否还存在法律风险

【案件回放】

时间:2010 年 7 月

争议双方:1. 员工

2. 南方 × ×大学

关键词:加班,协议

某日劳动保障监察机构接到 × ×大学员工举报,反映 × ×大学存在超时加班的行为。劳动保障监察[①]机构迅速介入了解,经实地调查,该大学直属研究机构由于近期接到一笔大

① 劳动保障监察,是劳动保障行政机关依法对用人单位遵守劳动保障法律法规的情况进行监督检查,发现和纠正违法行为,并对违法行为依法进行行政处理或行政处罚的行政执法活动。实施劳动保障监察对于促进劳动保障法律法规贯彻实施、监控劳动力市场秩序、维护劳动关系双方合法权益以及推动劳动保障部门依法行政都具有十分重要的意义。

订单临时增加了工作任务要求全体员工每天工作时间由原来的八小时延长至十小时，取消了周六、周日的正常休息，并要求员工在加班协议上签字，这种情况已经持续了两个月；虽然支付了加班工资但是很多员工身体已无法承受这样的劳动强度。劳动保障监察机构逐向××大学下达了整改指令书，要求其及时改正现有的工时制度，支付劳动者加班工资，并对该××大学处以了 8 000 元罚款。

【法律分析】

实务中，有部分人可能认为，加班只要经员工同意，而且用人单位支付加班费，如何安排加班都应当是合法的，实际上这是对法律规定的一种误解。

用人单位由于生产经营需要确实需要加班生产的，应按照法律规定，经与工会和劳动者协商后可延长工作时间，一般每日不得超过一小时；因特殊原因需要延长工作时间的，在保障劳动者身体健康的条件下延长工作时间每日不得超过三小时，但是每月不得超过三十六小时。

超过法律规定的时间上限要求，无论员工是否同意，都已经构成了对劳动法强制规定的违反。

【法律条文链接】

《劳动法》

第四十一条　用人单位由于生产经营需要，经与工会和劳动者协商后可以延长工作时间，一般每日不得超过一小时；因特殊原因需要延长工作时间的，在保障劳动者身体健康的条件下延长工作时间每日不得超过三小时，但是每月不得超过三十六小时。

第四十四条　有下列情形之一的，用人单位应当按照下列标准支付高于劳动者正常工作时间工资的工资报酬：

（一）安排劳动者延长工作时间的，支付不低于工资的百分之一百五十的工资报酬；

（二）休息日安排劳动者工作又不能安排补休的，支付不低于工资的百分之二百的工资报酬；

（三）法定休假日安排劳动者工作的，支付不低于工资的百分之三百的工资报酬。

《劳动合同法》

第三十一条　用人单位应当严格执行劳动定额标准，不得强迫或者变相强迫劳动者加班。用人单位安排加班的，应当按照国家有关规定向劳动者支付加班费。

3.1.11　“子”债“父”还

【案件回放】

时间：2008 年 11 月 18 日

争议双方：1. 南方××大学直属建筑公司

2. 全体员工

关键词：拖欠，工资

2008年11月18日，南方××大学直属建筑公司的100多名员工突然成了“无业游民”，公司管理层在事前没有通知员工的情况下一夜之间将公司的所有电脑设备和资料转走，据员工们反映，公司从10月份开始就拖欠员工的工资。而公司的负责人王某称，公司并非要卷款逃跑，只是从7楼搬到14楼而已，公司由于学校资金拨款时间有误，拖欠了水电费、租金和员工工资，大厦管理处已通知公司将于下午3点停水停电，所以决定把公司转移到14楼。而搬家没有通知员工，主要是考虑到公司拖欠了两个月工资，员工情绪很大，怕他们闹事，所以决定先搬家后解释。

员工群情激愤，向媒体及劳动监察部门投诉，要求支付拖欠的工资，劳动监察部门经调查，发现该公司的财产大部分已经被变卖，公司账户已经没有钱。劳动监察部门在对其进行处罚的同时，建议员工提起仲裁，要求××大学与其直属建筑公司一起共同承担支付工资和补偿金的责任，经审理，仲裁委支持了员工的要求，裁决××大学与建筑公司一起对员工承担连带责任。

【法律分析】

现实中有很多企、事业单位为了逃避责任都会设立一个或者几个“独立”的部门或公司，为更方便地解决劳务纠纷，所以许多企业和事业单位都会设立子公司，当出现债务纠纷或者劳务纠纷的时候，子公司能够“发挥”其作用，申请破产，或者注销公司等。但是当子公司出现劳务纠纷时，作为上级单位是不能逃脱连带责任的。《劳动合同法实施条例》中也规定了劳动者非本人原因被分配到新的工作单位，劳动者在原用人单位的工资福利等应合并算到新的用人单位。

【法律条文链接】

《劳动合同法》

第九十一条 用人单位招用与其他用人单位尚未解除或者终止劳动合同的劳动者，给其他用人单位造成损失的，应当承担连带赔偿责任。

《劳动合同法实施条例》

第十条 劳动者非因本人原因从原用人单位被安排到新用人单位工作的，劳动者在原用人单位的工作年限合并计算为新用人单位的工作年限。原用人单位已经向劳动者支付经济补偿的，新用人单位在依法解除、终止劳动合同计算支付经济补偿的工作年限时，不再计算劳动者在原用人单位的工作年限。

3.2　劳动合同的变更

3.2.1　用人单位能否单方变更劳动合同

时间 2009 年 4 月
争议双方:1. 张某
　　　　　2. 南方 × × 大学
关键词:合同,单方变更

张某是南方 × × 大学新聘任的校长办助理,劳动合同中约定月薪为 15 000 元。工作了一段时间后,高校领导对张某工作不甚满意,认为张某不能胜任校长办助理的工作,与张某协商,希望将张某的工作岗位调整到行政部,工资待遇保持不变。张某不同意这一调整方案。1 个月后,校人事处通过电子邮件向全体员工公布了一系列新的任免决定,其中就包括任命张某为行政主管,同时免去其原校长办助理的职务。截至当月的发薪日,张某又发现自己的工资条变成了工资确认单,上面注明由于其主动性、责任心与其职责不相符,学校遂对其岗位进行调整,月薪由于岗位变动调整为税前 8 000 元,张某在工资确认单上签字确认收到学校支付的 8 000 元,但表示学校无权单方作出对其劳动合同的变更,并将学校诉至仲裁,请求撤销 × × 大学的调岗降薪决定,恢复原劳动合同约定的岗位及工资待遇。在未经双方协商一致的情况下,用人单位能否单方变更员工的岗位和工资水平?

【法律分析】

《劳动合同法》规定,用人单位与劳动者协商一致,可以变更劳动合同约定的内容。按照该法第十七条的规定,劳动报酬与工作内容恰恰又是属于劳动合同的必备条款,因此,一般情况下,变更、调整员工的工资、岗位、工作地点,同其他劳动合同内容一样都应当由用人单位与劳动者协商一致,任何一方不得单方变更劳动合同内容。

但是在《劳动合同法》第四十条第二项中规定:“劳动者不能胜任工作,经过培训或者调整工作岗位仍不能胜任工作的,用人单位可以解除劳动合同。”从这一条规定中可以看出,当劳动者不胜任工作时,用人单位可以对其培训,也可以调整工作岗位,而且并未要求必须经过员工的同意即可实施。当培训或调整工作岗位之后仍然不能胜任工作的,用人单位可以解除劳动合同。因此,虽然原则上未经劳动者同意,用人单位不得单方变更劳动者的工作岗位及福利待遇,但在劳动者不能胜任工作这种特定条件下,用人单位还是可以单方面调整其工作岗位,并且可以根据“薪随岗变”的原则调整员工的岗位工资。所以,如果案例中的该高校确实可以证明张某的工作表现不能胜任工作要求,同时在制度或合同中已约定“一岗一薪,薪随岗变”的,则无需张某同意,该高校即有权单方调整张某的工作岗位和薪酬,即由企业单方变更之前与员工约定的劳动合同内容。

同时,除了员工不胜任工作时用人单位可以变更劳动合同的情形外,劳动合同订立时的法律法规发生变化、出现重大的法律事实等,或者用人单位根据工作调整需要,撤销部分岗位、工种等,这些都属于劳动合同订立时所依据的客观情况发生重大变化,劳动合同因此发生变更,用人单位可以直接调整员工的工作岗位,但如果员工不同意的,此时,用人单位可根据《劳动合同法》第四十条的规定解除与其订立的劳动合同。

一些高校认为劳动者是其聘请来的,可以随意变更其工作岗位或薪资。高校的这种想法是错误的,如果其按照此想法操作,极有可能引发劳资纠纷,增加高校运营成本。那么高校如何变更劳动者工作岗位或薪水呢?笔者认为,高校在操作时应注意以下几点:

(1)在劳动合同中约定,在何种情况下高校可以变更劳动者的工作岗位,以及其变动岗位的原则、范围与标准如何;在何种情况下高校可以变更劳动者的薪资报酬,以及其变动的依据、范围与标准如何。有此约定,且劳动者又恰好符合变更工作岗位或薪资报酬的条件,高校可以单方作出变更,并将书面变更决定送达劳动者即可。

(2)如果没有事前明确约定,则高校不得单方变更劳动者的工作岗位与薪资报酬。如欲变更,应与劳动者协商一致,经协商一致后,高校方可根据协商结果调整劳动者的工作岗位或薪资报酬。

(3)对前述约定或协商结果,高校应与劳动者签订书面材料,这样在与劳动者沟通时,可作为有利的证据,便于劳动者接受高校的调薪行为。

(4)调整劳动者的薪资时注意沟通技巧。调整薪资属于变更劳动合同的内容,与劳动者的利益密切相关,故建议高校在决定调整劳动者的薪资时,与劳动者作充分的协商沟通,认真听取劳动者的意见,依据证据材料说明调薪的理由,尽量让劳动者认同高校的决定。

【法律条文链接】

《劳动合同法》

第三十五条 用人单位与劳动者协商一致,可以变更劳动合同约定的内容。变更劳动合同,应当采用书面形式。

变更后的劳动合同文本由用人单位和劳动者各执一份。

第四十条 有下列情形之一的,用人单位提前三十日以书面形式通知劳动者本人或者额外支付劳动者一个月工资后,可以解除劳动合同:

(一)劳动者患病或者非因工负伤,在规定的医疗期满后不能从事原工作,也不能从事由用人单位另行安排的工作的;

(二)劳动者不能胜任工作,经过培训或者调整工作岗位,仍不能胜任工作的;

(三)劳动合同订立时所依据的客观情况发生重大变化,致使劳动合同无法履行,经用人单位与劳动者协商,未能就变更劳动合同内容达成协议的。

3.2.2 劳动者不能胜任工作如何调整其工作岗位

【案件回放】

时间:2008 年 1 月

争议双方:1. 李某

2. 南方 × × 大学

关键词:岗位,调整

2008 年 1 月,李某被南方××大学聘用,在双方签订的劳动合同里约定李某的工作岗位为外语助教。半年之后,学校外语学院部门领导觉得李某外语水平有限,致使其工作业绩不佳,经开会研究决定将他的工作岗位调整为图书管理员。李某认为自己工作业绩不佳与自己的外语水平无关,学校对其进行调岗没有依据,故不同意高校调岗之决定。该学校的调岗行为有什么法律风险?

【法律分析】

如劳动者不能胜任工作,根据《劳动合同法》的规定,用人单位可以对其进行培训或者调整工作岗位。此外对变更劳动合同约定的工作岗位,该法要求高校与劳动者必须协商一致,否则就按原劳动合同之约定继续履行。实践中,部分用人单位认为如果在劳动合同中对劳动者工作岗位作抽象的约定或不作约定,这样就能无约束地调整劳动者的工作岗位。事实上,这种抽象的约定或不作约定,在法律上视为约定不明确,最后岗位确定可能是按照劳动者实际履行的工作岗位来认定。本案例中,劳动合同里约定李某的工作岗位为外语助教,且学校没有切实证据证明李某不胜任工作,在没有就调岗与李某协商一致的情况下,故学校不能对李某实施调岗,即使调岗也是无效的,得不到法律的认可。

高校根据工作需要及劳动者的工作能力,不可避免地意欲对部分劳动者进行调岗,为避免法律风险,本书编者建议高校按如下方式进行操作:

(1)在劳动合同或内部规章制度中规定,高校设置专门的绩效考核体系对劳动者实施考核,对考核不合格的劳动者,高校有权选择对其进行培训或根据高校岗位特点及生产经营需要调整其工作岗位。

(2)对不胜任工作的劳动者,建议高校先对其进行培训,经培训后仍不能胜任工作的,高校对其调整工作岗位。

(3)高校应制定科学、合理、可操作性强的绩效考核体系方案,并与薪资管理、岗位制度相结合,妥善对待调岗的劳动者。

(4)判断调岗是否合法,劳动者是否胜任工作尤为重要,故高校应妥善收集、保管劳动者不能胜任工作的证据材料,尤其是绩效考核结论。

【法律条文链接】

《劳动合同法》

第四十条　有下列情形之一的,用人单位提前三十日以书面形式通知劳动者本人或者额外支付劳动者一个月工资后,可以解除劳动合同:

(一)劳动者患病或者非因工负伤,在规定的医疗期满后不能从事原工作,也不能从事由用人单位另行安排的工作的;

(二)劳动者不能胜任工作,经过培训或者调整工作岗位,仍不能胜任工作的;

(三)劳动合同订立时所依据的客观情况发生重大变化,致使劳动合同无法履行,经用人单位与劳动者协商,未能就变更劳动合同内容达成协议的。

3.2.3 劳动合同变更是否必须签订书面协议

【案件回放】

时间:2008 年 6 月
争议双方:1. 方某
　　　　　2. 南方××大学
关键词:合同变更,书面约定

2008 年 6 月初,方某一直是南方××大学物理考研室主任,该高校工作调整将其调至办公室任主任,从职级上比较属于同等级别调动。该高校认为这类调动无需履行其他手续,便由副校长口头通知方某。半年之后,方某认为自己更适合原岗位,便要求将其调回原来的岗位,该高校领导未同意其要求。协商不成,方某将学校告到仲裁机构,声称学校未经他的同意擅自调整他的工作岗位,要求学校恢复其原来的岗位。

方某的要求能得到支持吗?

【法律分析】

根据《劳动合同法》的规定,用人单位与劳动者协商一致,可以变更劳动合同约定的内容。变更劳动合同,应当采用书面形式。变更后的劳动合同文本由用人单位和劳动者各执一份。本案中方某与学校签订的劳动合同中约定的职位是物理考研室主任,学校后将其调至办公室任主任,职位发生调整,且职位上的变化也会引起工作内容的变化,因此属于劳动合同内容的变更,学校确实应当与方某协商一致后才能变动。学校仅通过口头通知的形式,并未形成书面文件显然不符合上述法条的规定,但高校的"调令"是否归于无效?

××大学对方某调职的决定虽然没有形成书面协议,但是在长达半年的时间内方某"甘于"在新的职位上工作,并未及时提出调回、复职以及其他任何异议,可以视为其已经对新职位默认接受,并已经按照变更后的内容实际履行了工作义务。这种实际行为的意思表示同样可被视为方某已经认可了对其岗位调整、变更劳动合同的决定,达成了就合同内容变更的一致意见。在这种情况下,方某再主张学校未经协商调整其工作岗位于法于理都欠妥,要求学校恢复其原来职位又属于一轮新的变更劳动合同内容请求,如果学校不同意为其调转的,合同不能变更,方某只能按照新职位继续履行职责。

法律法规明确规定变更劳动合同应当以书面形式确认,但是在实际操作中,也存在很多像本案例一样的情况,只要用人单位能够充分举证证明双方默认并实际履行了新的劳动合同内容,也可以被认定为双方已经就合同变更达成了一致,合同变更结果有效。但从稳妥的角度出发,虽然用人单位具有用人自主权,但每一个管理行为还是应当用白纸黑字确认,特别是法律条文有明确规定的,以此作为证据,防止发生争议时相互推诿。由于争议解决的过程往往是将界定、认定的权力交由司法机关掌握,因此,用人单位应该让自身的管理流程更加完善以防止面对这类情况时过于被动。

【法律条文链接】

《劳动合同法》

第三十五条　用人单位与劳动者协商一致,可以变更劳动合同约定的内容。变更劳动合同,应当采用书面形式。

变更后的劳动合同文本由用人单位和劳动者各执一份。

3.2.4　用人单位可否单方调整劳动者工资报酬

【案件回放】

时间:2010 年 3 月
争议双方:1. 刘某
　　　　　2. 北方 × × 大学
关键词:薪随岗转,劳动合同

刘某与北方 × × 大学签订了三年固定期限劳动合同,约定刘某工作岗位是实验室仓库管理员,工资 2 200 元/月。后来单位将仓库承包出去,不再设仓库管理员一职,将刘某调到车队做收发员,刘某对做收发员没有异议,但对单位将其工资降为 1 500 元/月多次提出异议。× × 大学认为,刘某的岗位已由仓库管理员调整为车队收发员,薪随岗转只能给他这么多工资,刘某申请仲裁要求执行劳动合同约定工资标准并补发减发的工资。

【法律分析】

对于处理此类纠纷,现今法律界人士们大概有两种观点:

第一种观点是劳动合同中约定的工资标准可以根据劳动者所在岗位的变化进行调整和变更。

第二种观点是工资变更需要双方协商一致约定,未经双方同意,不得变更。

虽然各地都有不同的规定,但《劳动合同法》明确规定劳动报酬是劳动合同的必备条款,用人单位与劳动者有全面履行劳动合同的约定义务,在协商一致的基础上,才可以变更约定的内容。根据《劳动合同法》的颁布实施,劳动报酬调整必须双方协商一致,否则将承担相应的法律后果。

从以上论述可见,劳动合同一经签订后即对双方具有法律的约束力,任何一方都应按照劳动合同的约定全面履行各自的义务,而不能擅自变更。法律对劳动合同的变更规定了必要条件,首先是劳动合同双方协商一致,其次是采用书面形式,此两个条件缺一不可。

在本案例中,用人单位擅自变更劳动者的工资是不对的,用人单位与劳动者事先签订了为期三年的劳动合同,在合同中约定了刘某某的工资为 2 200 元/月,双方的约定是合法有效的,受法律保护。如果用人单位需要对劳动者进行岗位或工资的调整,用人单位需要事先与劳动者双方协商一致,重新签订劳动合同或签订补充合同,否则用人单位将承担擅自变更劳动合同约定内容的不利后果。

【法律条文链接】

《劳动合同法》

第十七条 劳动合同应当具备以下条款:

(一)用人单位的名称、住所和法定代表人或者主要负责人;

(二)劳动者的姓名、住址和居民身份证或者其他有效身份证件号码;

(三)劳动合同期限;

(四)工作内容和工作地点;

(五)工作时间和休息休假;

(六)劳动报酬;

(七)社会保险;

(八)劳动保护、劳动条件和职业危害防护;

(九)法律、法规规定应当纳入劳动合同的其他事项。

劳动合同除前款规定的必备条款外,用人单位与劳动者可以约定试用期、培训、保守秘密、补充保险和福利待遇等其他事项。

第二十九条 用人单位与劳动者应当按照劳动合同的约定,全面履行各自的义务。

第三十五条 用人单位与劳动者协商一致,可以变更劳动合同约定的内容。变更劳动合同,应当采用书面形式。变更后的劳动合同文本由用人单位和劳动者各执一份。

第 4 章　劳动合同解除中的风险与防范

4.1　用人单位与劳动者协商解除劳动合同的风险与防范

4.1.1　用人单位与劳动者通过协商达成一致能否解除劳动合同

【案件回放】

时间:2007 年 2 月
争议双方:1. 汤某
　　　　　2. 南方 × × 大学
关键词:协商一致,合同解除

2007 年 2 月,汤某被聘为南方 × × 大学的校行政经理,并与高校签订了三年期的劳动合同。汤某进入该高校半年后虽积极适应新单位的工作文化,但总感觉不能融入到新的集体,同时学校的主管领导也感觉到汤某的工作方式与本校倡导的方式不符,双方都有解除劳动合同的意愿。后经学校提出,且与汤某协商一致,双方友好地解除了劳动合同。

【法律分析】

《劳动合同法》中规定,用人单位与劳动者协商一致,可以解除劳动合同。在本案例中,× × 大学与汤某之间经过半年时间,双方都感觉适应不了对方的工作文化,且有意解除这种劳动关系。经公司提出,双方经协商一致,友好地解除了劳动关系。× × 大学与汤某解除双方劳动合同的方式符合《劳动合同法》的规定,合法有效。

【法律条文链接】

《劳动合同法》

第三十六条　用人单位与劳动者协商一致,可以解除劳动合同。

第四十六条　有下列情形之一的,用人单位应当向劳动者支付经济补偿:

(一)劳动者依照本法第三十八条规定解除劳动合同的;

(二)用人单位依照本法第三十六条规定向劳动者提出解除劳动合同并与劳动者协商一致解除劳动合同的;

(三)用人单位依照本法第四十条规定解除劳动合同的;

(四)用人单位依照本法第四十一条第一款规定解除劳动合同的;

(五)除用人单位维持或者提高劳动合同约定条件续订劳动合同,劳动者不同意续订的情形外，依照本法第四十四条第一项规定终止固定期限劳动合同的；

（六）依照本法第四十四条第四项、第五项规定终止劳动合同的；

（七）法律、行政法规规定的其他情形。

4.1.2　用人单位协商解除劳动合同的风险防范

【案件回放】

时间：2010年5月

争议双方：1. 洪某

2. 南方××职业学院

关键词：协商，解除

2010年5月，洪某被南方××职业学院聘为教师，聘期为两年。经过五个月的工作后，部门领导认为洪某不能胜任这份工作，而洪某自身也感觉专业知识还不够扎实，知识面宽度有限，通过协商双方决定解除劳动合同。

【法律分析】

在劳动合同履行过程中，用人单位出于各方面的考虑，欲提前与劳动者解除劳动合同的，用人单位应掌握如下的操作技巧：

（1）用人单位如欲解除劳动合同尽量多采用协商解除的方式，尤其是当员工没有过错的情况下。这种方式能让劳动者觉得用人单位的管理比较人性化，会与用人单位产生“好聚好散”的感觉，双方在解除劳动合同过程中相互协商，不易产生纠纷，劳动者交接工作也会顺利许多。

（2）协商解除劳动合同时，如果是由用人单位首先提出解除劳动合同的动议，用人单位应按照《劳动合同法》第四十七条之规定支付经济补偿；否则，根据该法第八十五条规定，用人单位就要加付赔偿金。

（3）如果是劳动者提出解除劳动合同，且与用人单位达成解除劳动合同的合意，则用人单位不用支付经济补偿。

（4）在解除劳动合同协议书中，应载明在协商过程中，是由哪方先提出解除劳动合同，毕竟这涉及用人单位是否需要支付解除劳动合同的经济补偿问题。

【法律条文链接】

《劳动合同法》

第三十六条　用人单位与劳动者协商一致，可以解除劳动合同。

第三十七条　劳动者提前三十日以书面形式通知用人单位，可以解除劳动合同。劳动者在试用期内提前三日通知用人单位，可以解除劳动合同。

第四十条　有下列情形之一的，用人单位提前三十日以书面形式通知劳动者本人或者额外支付劳动者一个月工资后，可以解除劳动合同：

（一）劳动者患病或者非因工负伤，在规定的医疗期满后不能从事原工作，也不能从事由用人单位另行安排的工作的；

（二）劳动者不能胜任工作，经过培训或者调整工作岗位，仍不能胜任工作的；

（三）劳动合同订立时所依据的客观情况发生重大变化，致使劳动合同无法履行，经用人单位与劳动者协商，未能就变更劳动合同内容达成协议的。

4.1.3　计算经济补偿金时伙食补助费等是否应计入工资总额

【案件回放】

时间：2011 年 11 月

争议双方：1. 赵某

　　　　　2. 北方 × × 大学直属研究所

关键词：解除，经济补偿金

赵某是北方 × × 大学直属研究所的员工，月工资为 1 500 元，由基本工资、工龄补贴、职务补贴、医疗补贴组成，研究所另给赵某每月伙食补助费 310 元，由研究所拨到食堂作为员工伙食费，不直接把钱发到个人手里，该款每月如有剩余，单位不会发回给个人，不足部分的伙食费由员工自己补交。后来该研究所以不胜任工作为由解除与赵某的劳动合同关系，但未提供任何证据。赵某申请仲裁请求按照月工资为 1 500 元加伙食补助费 310 元，即 1 810 元/月为标准计算经济补偿金。

【法律分析】

本案中赵某的实际工资为 1500 元，310 元是单位拨到食堂作为员工伙食费的，没有直接把钱发到个人手里，该款每月如有剩余，单位不会发回给个人，不足部分的伙食费由员工自己补交。该 310 元只是单位对在职正常上班员工的一种福利待遇，故赵某的月工资不应包含此数额，即不应将伙食补助计入工资总额。现实中用人单位在此方面应当慎重而行，不能因计算伙食费的费用问题引起劳动者与用人单位产生不必要的纠纷。

【法律条文链接】

《关于工资总额组成的规定》

第十一条　下列各项不列入工资总额的范围：

（一）根据国务院发布的有关规定颁发的创造发明奖、自然科学奖、科学技术进步奖和支付的合理化建议和技术改进奖以及支付给运动员、教练员的奖金；

（二）有关劳动保险和职工福利方面的各项费用；

（三）有关离休、退休、退职人员待遇的各项支出；

（四）劳动保护的各项支出；

（五）稿费、讲课费及其他专门工作报酬；

（六）出差伙食补助费、误餐补助、调动工作的旅费和安家费；

（七）对自带工具、牲畜来企业工作职工所支付的工具、牲畜等的补偿费用；

（八）实行租赁经营单位的承租人的风险性补偿收入；

(九)对购买本企业股票和债券的职工所支付的股息(包括股金分红)和利息;
(十)劳动合同制职工解除劳动合同时由企业支付的医疗补助费、生活补助费等;
(十一)因录用临时工而在工资以外向提供劳动力单位支付的手续费或管理费;
(十二)支付给家庭工人的加工费和按加工订货办法支付给承包单位的发包费用;
(十三)支付给参加企业劳动的在校学生的补贴;
(十四)计划生育独生子女补贴。

4.2 因劳动者过错用人单位单方解除劳动合同的风险与防范

4.2.1 劳动者严重违反单位规章制度用人单位应当怎么办

【案件回放】

时间:2010 年 4 月
争议双方:1. 李某
2. 北方××大学
关键词:规章制度,违反

李某是北方××大学实验室的仓库管理人员,负责仓库原料、设施的管理工作。鉴于该仓库货物的特点,学校严禁在仓库范围内吸烟,并挂制了醒目的警示。一天上午,忙完工作的李某烟瘾上来了,想抽支香烟,但李某也清楚学校的《员工手册》明文规定劳动者在仓库范围内吸烟属严重违纪行为,学校将与吸烟者解除劳动合同,并追究相应责任。李某经过一番内心斗争,架不住烟瘾,吸烟的念头占了上风,在仓库没有其他人员的情况下抽起香烟来。恰巧巡视的管理人员来到了仓库,把李某抓了个现行。管理员非常重视,也非常生气,认为李某的行为属于学校规章制度规定的严重违纪,应当给予其解除劳动合同的处罚,因此学校解除了与李某的劳动合同。李某认为自己只是偶尔吸烟,也没有造成任何损失,故××大学不能凭此事解除劳动合同。

【法律分析】

《劳动法》中规定,用人单位应当依法建立和完善规章制度,保障劳动者享有劳动权利和履行劳动义务。即依法建立和完善规章制度是劳动法给用人单位设定的义务,用人单位必须按规定制定其内部的规章制度,加强单位内部的管理。《最高人民法院关于审理劳动争议案件适用法律若干问题的解释》第十九条规定,用人单位根据《劳动法》第四条规定,通过民主程序制定的规章制度,不违反国家法律、行政法规及政策规定,并已向劳动者公示的,可以作为人民法院审理劳动争议案件的依据。《劳动合同法》第三十九条第二项规定,劳动者严重违反用人单位的规章制度的,用人单位可以解除劳动合同。

这就是说,用人单位的规章制度只要通过民主程序制定,不违反国家法律、行政法规及政策规定,并已向劳动者公示的,这种规章制度在用人单位内部即具有法律效力。在日常管理中,对于严重违反用人单位规章制度的劳动者,用人单位即可根据其规章制度的规定进行处罚。

在本案例中,学校实验室已明文规定,在仓库区域吸烟的行为属于严重违纪行为。李某为了一时的烟瘾,不惜违反学校的规定,且明知故犯,学校依据有关规章制度条款解除与李某的劳动合同,法律上是认可的。故学校解除与李某之间的劳动合同的行为是合法的。

现行的法律法规对劳动者的违纪行为,不可能一一列举。劳动合同中一般也不可能把所有违纪行为,以及违纪行为达到何种程度时用人单位方有权单方解除劳动合同的情况全都规定出来,所以,法律允许用人单位在规章制度中对这一空白进行补充规定。当然,规章制度合法性的前提是不得违背劳动法律法规的规定和劳动合同的约定条款,且制定程序符合法律法规的规定。

因此,用人单位在依据规章制度对违纪劳动者进行处罚时,用人单位与劳动者都必须遵守依法制定的内部规章制度,用人单位如果要对劳动者进行处理,在处理内容与程序上都要符合内部规章制度的规定,否则就得不到法律的认可而无效。此外,《劳动合同法》规定,劳动者违反规章制度一定要达到"严重"的程度,用人单位才可以依此解除劳动合同。违反规章制度是否严重,一般可以以下界限为准:

(1)应当以劳动法规所规定的限度为依据,在具体认定时可以先参照国家的法律法规;

(2)用人单位的内部规定不得任意降低或者扩大法律所要求的严重程度。

实践中,仍然有部分用人单位存在滥用内部规章制度,解除轻微违规违纪劳动者劳动合同的做法,甚至想以劳动者过失为由,不给其发放解除劳动合同的经济补偿金。但是,由于《劳动合同法》的实施,劳动者的维权意识有了很大的提高,用人单位的这种意图很容易被劳动者识破,用人单位最终都要为此承担相应的法律后果。所以,用人单位应当对劳动者触犯本单位管理规定的情况视情节轻重处理,在处理的同时应当注意保存好劳动者违反本单位规定的证据。

【法律条文链接】

《劳动法》

第四条　用人单位应当依法建立和完善规章制度,保障劳动者享有劳动权利和履行劳动义务。

《最高人民法院关于审理劳动争议案件适用法律若干问题的解释》

第十九条　用人单位根据《劳动法》第四条之规定,通过民主程序制定的规章制度,不违反国家法律、行政法规及政策规定,并已向劳动者公示的,可以作为人民法院审理劳动争议案件的依据。

《劳动合同法》

第三十九条　劳动者有下列情形之一的,用人单位可以解除劳动合同:

(一)在试用期间被证明不符合录用条件的;

(二)严重违反用人单位的规章制度的;

(三)严重失职,营私舞弊,给用人单位造成重大损害的;

(四)劳动者同时与其他用人单位建立劳动关系,对完成本单位的工作任务造成严重影响,或者经用人单位提出,拒不改正的。

4.2.2 劳动者失职用人单位能否解除劳动合同

【案件回放】

时间:2011 年 9 月
争议双方:1. 马某
　　　　　2. 南方××大学
关键词:失职,解除合同

【案件回放】

马某为南方××大学下属建筑公司工作员工,从 2009 年 3 月进入该公司一直工作努力,表现十分优秀。然而从 2011 年 8 月起,家里不幸事情接连发生,这些事情严重影响到了马某的工作情绪,2011 年 9 月 13 日在建筑施工时,马某没有检查建筑设施就开始施工了,以至于施工存在质量问题。在验收时验收方对施工的质量发出质疑,拒绝付款。建筑公司因此损失了 100 万元。

建筑公司领导为此十分恼火,决定严肃处理,后公司领导经开会研究决定,以马某"严重失职给公司造成重大损失"为由,解除与马某的劳动合同,并向他追偿损失。马某对此不服,认为公司的处理过于严厉,他的劳动合同还没有到期,公司单方提前解除劳动合同属违约行为,遂向当地劳动争议仲裁委员会提起申诉。

【法律分析】

《劳动法》以及《劳动合同法》都规定:严重失职、营私舞弊,给公司造成重大损失,用人单位可以解除合同。这里的"严重失职给公司造成重大损失"是指劳动者在履行劳动合同过程中,违反法律及本单位的规章制度,有未尽岗位职责的严重过失,使用人单位的有形资产、无形资产、人员遭受重大损害,但不够刑事处罚的程度。比如,劳动者因玩忽职守而造成生产事故,因工作重大失职造成公司原材料或能源浪费等。

本案例中,建筑公司 100 万元的损失是因为马某没有履行检查职责所造成的,可以判定马某的行为属于工作上的严重失职,故公司以严重失职给单位造成巨大经济损失为由解除与马某的劳动合同,并不构成违法解除,但用人单位应当注意的是违法解除在劳动者产生纠纷时,应当做好违法解除劳动者证据的采集,否则,用人单位会承担举证不利的后果。

【法律条文链接】

《劳动法》

第二十五条　劳动者有下列情形之一的,用人单位可以解除劳动合同:
(一)在试用期间被证明不符合录用条件的;
(二)严重违反劳动纪律或者用人单位规章制度的;
(三)严重失职、营私舞弊,对用人单位利益造成重大损害的;
(四)被依法追究刑事责任的。

《劳动合同法》

第三十九条　劳动者有下列情形之一的,用人单位可以解除劳动合同:

(一)在试用期间被证明不符合录用条件的;

(二)严重违反用人单位的规章制度的;

(三)严重失职,营私舞弊,给用人单位造成重大损害的;

(四)劳动者同时与其他用人单位建立劳动关系,对完成本单位的工作任务造成严重影响,或者经用人单位提出,拒不改正的;

(五)因本法第二十六条第一款第一项规定的情形致使劳动合同无效的;

(六)被依法追究刑事责任的。

4.2.3　劳动者工作期间“消失”,用人单位应当支付经济补偿金吗

【案件回放】

时间:2010 年

争议双方:1. 袁某、李某

　　　　　2. 北方 × × 大学

关键词:离职,合同解除

2008 年《劳动合同法》正式颁布实施,许多事业单位、企业都在为自己单位的用工形势担忧,有的事业单位是因为长期没有为员工缴纳社会保险,而有的企业则是因为自己的单位里有不少在册不在岗的“幽灵员工”①,这些员工在岗期间因为各种原因离开企业但是从来没有办理过离职手续,也就是说,这些员工与用人单位的劳动关系仍然存在,但是却没有正常提供劳动。

× × 大学人力资源部的张某所在的就是这样的单位。由于学校直属单位有大批的固定工,所有在岗员工都签订了无固定期限劳动合同。可是领导在要求张某梳理学校用工形势时,张某却发现有几个员工虽然还在人事处有备案,但是却已经有七八年没有上过班了。经过调查,张某发现原后勤处技术科袁某在 2005 年夏天,在徒步到外地旅游的时候,一去不返,据同行的其他人说,袁某是在外出野游时掉队后失踪的。此后学校领导向其家属支付了部分慰问金后,就将此事搁置起来。调查中,张某还发现财务科李科长的儿子 2001 年定居美国,2006 年李科长也经过美国大使馆获准到美国定居。但是因为当年李科长同时兼任人事科长,因此李科长出国的时候也没有办理离职手续。而不论是袁某还是李科长都是 1993 年全员劳动合同制的时候就签订无固定期限劳动合同的。

这下张某有点不知所措了,如果说袁某和李科长的劳动合同是固定期限劳动合同,那么学校在劳动合同到期以后就可以终止劳动关系,也可以按照法律规定支付经济补偿金。但是他们俩都是无固定期限劳动合同,应该怎样终结双方的劳动关系呢?学校还要支付他们经济补偿金吗?

---

①　所谓“幽灵职工”,简单说就是不在职却拿薪水的职工,其中包括已经退休的、死亡的和不存在的人(一个人伪造不同的证件登记领取工资)。

【法律分析】

根据《劳动合同法》的相关规定，劳动关系的确定首先要按照劳动合同的约定履行，如果劳动者或用人单位出现《劳动合同》中规定的情况就会导致劳动合同的变更、终止或解除。《劳动合同法》第四十四条规定，劳动者死亡，或者被人民法院宣告死亡或者宣告失踪的，劳动合同终止。

本案中，虽然袁某在旅游时失踪已经长达五年，但是由于劳动合同关系始终存续，因此学校与袁某的劳动关系也一直存续。只是由于袁某不能为学校正常提供劳动，所以袁某与学校的劳动合同处于中止状态，在袁某没有被人民法院宣告失踪或宣告死亡之前，学校仍然应当为袁某缴纳社会保险。而李科长当年移居美国，属于因私出境定居，根据原劳动部《关于职工因私出境定居而解除劳动合同经济补偿问题的复函》（劳办发〔1997〕42 号）的规定，对于获批准出境定居的职工，享受的一次性离职费不属于《劳动法》及其配套规章规定的经济补偿金。在全面实行劳动合同制度以后，职工获批准出境定居而终止劳动合同的，用人单位不支付经济补偿金。也就是说，即使李科长出境定居得到了上级主管部门的批准，在全面实行劳动合同制度以后，用人单位也不再支付经济补偿金。

值得企业注意的是，“幽灵员工”不限于本案中的袁某和李科长，事实上在实践中大量存在的是那种不辞而别的员工。这些员工往往由于某种原因擅自离开用人单位，却没有与用人单位任何部门联系并办理离职手续。这一方面是由于劳动者和用人单位法律意识淡薄，另一方面是因为员工随意流动的观念与企业粗放型管理的放纵。而这些“幽灵员工”一旦在没有终结劳动关系的情况下，数年后又返回用人单位要求上班，单位必然要承担额外的用工责任。

通过司法界及法律相关人士的研讨，对于“幽灵员工”终结劳动关系可以从以下几个方面入手：

（1）用人单位通过送达书面终结劳动通知书给“幽灵员工”的朋友、亲戚，并使其签字确认。

（2）用人单位把终结劳动通知书通过邮寄送达的方式送达到“幽灵员工”的住址（或身份证上的住址），并保留送达的原证据。

（3）单位通过公告的方式，在报纸上以告知的形式通知“幽灵员工”来单位办理终结劳动关系手续。

相信做到以上几点，在劳动争议中才能使用人单位与“幽灵员工”复工争议中处于有利的位置。

【法律条文链接】

《劳动合同法》

第四十四条 有下列情形之一的，劳动合同终止：

（一）劳动合同期满的；

（二）劳动者开始依法享受基本养老保险待遇的；

（三）劳动者死亡，或者被人民法院宣告死亡或者宣告失踪的；

（四）用人单位被依法宣告破产的；

（五）用人单位被吊销营业执照、责令关闭、撤销或者用人单位决定提前解散的；
（六）法律、行政法规规定的其他情形。

4.2.4　劳动者患有精神疾病，用人单位应当怎么办

【案件回放】

时间：2009 年 11 月
争议双方：1. 张某
　　　　　2. 北方××大学
关键词：精神疾病，解除合同

张某是北方××学校的员工，10 月中旬，张某因为福利问题与部门领导发生矛盾，手里拿着装有硫酸的瓶子来到领导的办公室将硫酸泼向单位领导，经医院诊断为轻度烧伤，面积为 5.6%，事后张某欲自杀被同事阻拦。张某遂被送往医院住院治疗，经法医鉴定张某患有精神分裂症。张某被法院宣告为限制民事行为能力人。学校领导认为，张某伤害他人的行为不仅严重违反了单位的规章制度，而且触犯了刑律，决定解除双方的劳动合同。但是在征求处理意见时，产生意见分歧。

【法律分析】

精神病患者的管理与处理问题一直是人力资源管理的难点，为此原劳动部先后颁布了很多文件，对该类问题进行了规定。劳办力字〔1992〕5 号《关于患有精神病的合同制工人医疗期问题的复函》规定：企业招用的合同制工人在试用期内发现患有精神病不符合录用条件的，按合同规定可以终止或解除劳动合同。在试用期满履行劳动合同期间，经劳动鉴定委员会确定患有精神病的，可按照《国营企业实行劳动合同制暂行规定》有关合同制工人在企业工作期间患病的有关规定办理，即按其在单位工作时间的长短，给予三个月至一年的医疗期。在本单位工作二十年以上的，医疗期可以适当延长。在医疗期内，其医疗待遇和病假工资与所在企业原固定工人同等对待。医疗期满后不能从事原工作的，可以解除劳动合同，并由企业发给相当于本人标准工资三个月至六个月的医疗补助费。

劳办发〔1994〕214 号《关于精神病患者可否解除劳动合同的复函》则规定：精神病患者在规定的医疗期内已治愈或病情很轻并得到稳定控制，经鉴定具有劳动能力的，用人单位应适当安排其工作，不得因病解除劳动合同。经鉴定确实丧失劳动能力的，可继续执行劳动部劳办力字〔1992〕5 号的规定，即解除劳动合同，并由企业发给相当于本人标准工资 3 个月至 6 个月的医疗补助费。今后，随着全国精神病康复方案的实施，作为扶持残疾人的政策，对精神病患者医疗期满能够从事工作的，应由企业安排力所能及的工作。劳办发〔1995〕1 号《关于患有精神病的合同制工人解除劳动合同问题的复函》规定：合同制工人在试用期间因患精神病不符合录用条件的，应按劳动部办公厅《关于患有精神病的合同制工人医疗期问题的复函》（劳办力字〔1992〕5 号）的规定执行，即企业招用合同制工人在试用期内发现患有精神病不符合录用条件的，可以解除劳动合同。劳办发〔1994〕214 号文的规定，不适用于试用期解除劳动合同的情况。

根据上述规定，学校在对精神病患者的处理可以考虑以下三种方式：

(1)用人单位对新招用的职工,在试用期内发现并经有关机构确认患有精神病的,可以解除劳动合同。

(2)试用期已满的职工患精神病后,精神病患者在规定的医疗期内已治愈或病情很轻并得到稳定控制,经鉴定具有劳动能力的,用人单位应适当安排其工作,不得因病解除劳动合同。医疗期满,经鉴定确实丧失劳动能力的,用人单位可解除劳动合同。

(3)在固定期限的劳动合同向无固定期限劳动合同制度转变过程中,对病情严重不能控制的职工,应当送医院治疗。医疗终结后,按照国家有关规定办理退休或退职手续。

【法律条文链接】

《劳动法》

第二十六条 第一款的规定,劳动者患病或者非因工负伤,医疗期满后,不能从事原工作也不能从事用人单位另行安排的工作的,用人单位可以与之解除劳动合同。但用人单位应当提前30天以书面形式通知劳动者本人,并按照国家的有关规定给予经济补偿。

《劳动合同法》

第四十条 有下列情形之一的,用人单位提前三十日以书面形式通知劳动者本人或者额外支付劳动者一个月工资后,可以解除劳动合同:

(一)劳动者患病或者非因工负伤,在规定的医疗期满后不能从事原工作,也不能从事由用人单位另行安排的工作的;

(二)劳动者不能胜任工作,经过培训或者调整工作岗位,仍不能胜任工作的;

(三)劳动合同订立时所依据的客观情况发生重大变化,致使劳动合同无法履行,经用人单位与劳动者协商,未能就变更劳动合同内容达成协议的。

《关于精神病患者可否解除劳动合同的复函》

(一)精神病患者在规定的医疗期内已治愈或病情很轻并得到稳定控制,经鉴定具有劳动能力的,用人单位应适当安排其工作,不得因病解除劳动合同。

(二)经鉴定确实丧失劳动能力的,可解除劳动合同,并由企业发给相当于本人标准工资三个月至六个月的医疗补助费。

4.2.5 处于孕期、产期以及哺乳期的员工违法或者违约的,单位是否可以解除劳动合同

【案件回放】

时间:2010年1月
争议双方:1. 王某
　　　　　2. 南方××大学下属研究所
关键词:解除,怀孕

王某为南方××大学下属研究所行政人员,其与研究所订立了为期两年的劳动合同。

而合同履行不到一年，王某在工作过程中严重不负责任，导致所处理的文件经常出现错误，多次被客户退回，而且有一次导致研究所失去一次价值超过千万的研究项目的机会。根据研究所的规章制度，王某的行为被认定为“严重违反规章制度”，研究所的人力资源部门以王某“严重违反规章制度”为由，书面通知王某解除劳动合同。而王某收到通知后，告知用人单位在上个月在体检中，查出已经怀孕，王某提供了相应的体检报告。而研究所认为王某尽管怀孕，但是由于其存在“严重违反规章制度”的行为，公司解除劳动合同存在正当理由。

【法律分析】

该案件涉及《劳动合同法》第四十二条对于用人单位解除权的限制范围的问题，第四十二条规定的情形仅限制用人单位的法定解除权和经济性裁员解除权的行使，而不能够限制用人单位的推定辞职解除权行使。所以，即使劳动者有《劳动合同法》第四十二条中规定的情形，用人单位也不能随便与劳动者解除合同，但满足第三十九条规定的，用人单位可以解除与劳动者的劳动关系。

【法律条文链接】

《劳动合同法》

第四十二条　劳动者有下列情形之一的，用人单位不得依照本法第四十条、第四十一条的规定解除劳动合同：

（一）从事接触职业病危害作业的劳动者未进行离岗前职业健康检查，或者疑似职业病病人在诊断或者医学观察期间的；

（二）在本单位患职业病或者因工负伤并被确认丧失或者部分丧失劳动能力的；

（三）患病或者非因工负伤，在规定的医疗期内的；

（四）女职工在孕期、产期、哺乳期的；

（五）在本单位连续工作满十五年，且距法定退休年龄不足五年的；

（六）法律、行政法规规定的其他情形。

《妇女权益保障法》

第二十六条　任何单位均应根据妇女的特点，依法保护妇女在工作和劳动时的安全和健康，不得安排不适合妇女从事的工作和劳动。

妇女在经期、孕期、产期、哺乳期受特殊保护。

第二十七条　任何单位不得因结婚、怀孕、产假、哺乳等情形，降低女职工的工资，辞退女职工，单方解除劳动（聘用）合同或者服务协议。但是，女职工要求终止劳动（聘用）合同或者服务协议的除外。

各单位在执行国家退休制度时，不得以性别为由歧视妇女。

4.2.6 仓管员夜班打盹,公司辞退引争议

【案件回放】

时间:2009 年 1 月
争议双方:1. 刘某
　　　　　2. 北方××大学
关键词:劳动合同,违纪

刘某于 2009 年 1 月入职北方××大学并签订劳动合同,工作岗位为学校食堂仓库管理员并负责发料。该单位员工手册规定:若员工在工作时间或工作场所内有睡觉、赌博等行为,单位视此为严重违纪行为予以辞退,且不予经济补偿。某日,刘某值夜班至凌晨时困意难耐,便在仓库办公室内席地而睡,不料十分钟后恰被查岗主管发现并上报。次日,该食堂上级主管部门便据前述规定对刘某作违纪辞退处理。刘某百思不得其解,认为夜班至凌晨,实在劳累,而且他的行为并未给单位造成损失,也没有产生多大的负面影响。故,刘某不服学校的辞退决定,向某市劳动争议仲裁委员会提出仲裁申请,要求确认××大学的辞退行为违规,而且要求支付经济补偿金。该大学庭审时抗辩称:其规章制度已由刘某签收,且刘某也承认上班时睡觉,单位的辞退决定事实依据都清楚明确,故而合法,并要求劳动争议仲裁委员会依法驳回刘某的仲裁请求。

××市劳动争议仲裁委员会经审理后认定:刘某上班时睡觉确有不当之处,但考虑到其职责只是发料且事发于凌晨,不当行为只持续十分钟,且没有给食堂造成实际损失及其他负面影响,此错不至于达到能够被辞退的严重程度。因此认定××学校规章制度的前述规定缺乏合理性且有失公允,并据此裁定该大学支付刘某经济补偿金。本案裁后各方服判。

【法律分析】

本案系因对用人单位的规章制度的合理性理解差异而引发的争议。虽然该学校已将规章制度告知了劳动者,且劳动者也自认其行为不当,但仲裁机构从公平、公正等原则出发,结合刘某的行为发生的具体背景及产生的后果,运用仲裁者的自由裁量权对该学校规章制度的合理性作出了正确评价,较好地保护了劳动者的合法权益。

【法律条文链接】

《劳动合同法》

第三十九条　劳动者有下列情形之一的,用人单位可以解除劳动合同:
(一)在试用期间被证明不符合录用条件的;
(二)严重违反用人单位的规章制度的;
(三)严重失职,营私舞弊,给用人单位造成重大损害的;
(四)劳动者同时与其他用人单位建立劳动关系,对完成本单位的工作任务造成严重影响,或者经用人单位提出,拒不改正的;

（五）因本法第二十六条第一款第一项规定的情形致使劳动合同无效的；
（六）被依法追究刑事责任的。

4.2.7　企业未向劳动者告知考勤管理制度，对违纪员工无可奈何

【案件回放】

时间：2008 年 5 月
争议双方：1. 孙女士
　　　　　2. 南方××大学
关键词：怀孕，违纪

孙女士于 2008 年 5 月入职南方××大学并担任采购办科长一职，合同约定每月工资为 5 300 元。后因其孕期反应强烈，自 2008 年 11 月 17 日起经常请假而未能为单位提供正常劳动，后××大学于 2009 年 2 月 5 日以孙女士旷工达三天以上为由对其作出违纪辞退处理。孙女士对此不服并在接到辞退通知后向某地劳动争议仲裁委员会提出仲裁申请，并以××大学违纪辞退行为无事实和法律依据为由主张甲方构成违法解除劳动关系，并要求甲方赔偿其孕期、产假期间的工资损失及支付解除劳动关系的经济补偿金等合计 78 000 元。在庭审过程中，××大学称孙女士没有办理请假手续构成旷工，孙女士称其向用人单位上级口头请假但被上级领导当庭否认。最后，仲裁机构认定：孙女士旷工时间为 14 天。同时，甲方于法庭上出示其考勤制度（该大学考勤制度规定：员工旷工达三天以上可视此为严重违纪而辞退），但孙女士称：其在职时并无此制度，也不知××大学的前述考勤制度，用人单位对孙女士的此项抗辩无证据证明此考勤制度已向孙女士公示。据此，仲裁机构裁定：虽然孙女士的行为已构成旷工，但是××大学无证据证明孙女士知道前述考勤制度，因此，××大学对孙女士所做出的违纪辞退决定因无规章制度作为依据而构成违法解除，判令××大学支付孙女士经济补偿金 5 300 元，并赔偿其孕期、产期及哺乳期内的工资损失。

该案裁决后，××大学不服而分别提出起诉、上诉，但法院的判决结果均如仲裁机构的裁处。

【法律分析】

在该案中，虽然孙女士旷工 14 天的事实被认定，但因为用人单位的规章制度的公示程序存在缺陷，故其旷工的事实不能被认定是判处××大学与孙女士之间劳动争议的处理依据，最终司法机构认定××大学构成违法辞退并支付孙女士的经济补偿金、赔偿孙女士的产期待遇等工资损失。用人单位在招聘员工时对各个岗位的规章制度应当完善并告知劳动者，否则劳动者在用人单位发生意外情况，用人单位将为此承担不利后果。现实中用人单位完善考勤制度应当从以下几点考虑：
（1）考勤上下班的签到记录；
（2）上下班考勤的打卡机；
（3）单位的视频监控器。

【法律条文链接】

《劳动合同法》

第八条 用人单位招用劳动者时,应当如实告知劳动者工作内容、工作条件、工作地点、职业危害、安全生产状况、劳动报酬,以及劳动者要求了解的其他情况;用人单位有权了解劳动者与劳动合同直接相关的基本情况,劳动者应当如实说明。

4.2.8 重大损害标准不明确,企业败诉

【案件回放】

时间:2010 年 4 月
争议双方:1. 张某
　　　　　2. 北方 × × 大学下属研究所
关键词:失误,损失

张某是北方 × × 大学下属研究所的技术工作人员,在一次实验过程中出现失误,造成一批生产用的材料作废,损失 8 000 元。用人单位以张某的行为严重违反了研究所的操作规程给单位造成严重损失为由,解除了与张某的劳动合同,张某不服而提起诉讼。法院认为该损失不属于严重损害,研究所以此为由解除与张某的劳动合同不符合法律规定。

【法律分析】

本案中,张某没有按照研究所的操作流程来完成工作,属张某严重失职,造成单位 8 000 元损失,这是不争的事实。但是用人单位的规章制度未规定严重损失的标准,双方对"严重损失"的理解就不尽相同。作为单位一方当然坚持认为该员工对单位造成了严重的损失,但是员工张某却认为对一个大规模的研究机构而言,8 000 元的损失不是严重的损失,故同意赔偿而不同意解除劳动关系。法院支持了张某的理由。此案中劳动者承担赔偿责任应考虑其主观过错形态。基于故意行为造成损失的,承担损失的比例要多些,基于过失行为造成损失的,承担的损失比例要小些。现实中,用人单位应当完善单位内部的规章制度,对轻微损害、严重损害等应当规定明确,这样可减少不必要的劳动纠纷。

【法律条文链接】

《劳动合同法》

第八条 用人单位招用劳动者时,应当如实告知劳动者工作内容、工作条件、工作地点、职业危害、安全生产状况、劳动报酬,以及劳动者要求了解的其他情况;用人单位有权了解劳动者与劳动合同直接相关的基本情况,劳动者应当如实说明。

第三十九条 劳动者有下列情形之一的,用人单位可以解除劳动合同:

(一)在试用期间被证明不符合录用条件的;

(二)严重违反用人单位的规章制度的;

(三)严重失职,营私舞弊,给用人单位造成重大损害的;

(四)劳动者同时与其他用人单位建立劳动关系,对完成本单位的工作任务造成严重影响,或者经用人单位提出,拒不改正的;

(五)因本法第二十六条第一款第一项规定的情形致使劳动合同无效的;

(六)被依法追究刑事责任的。

4.2.9 “不能胜任工作”的标准要明确具体

【案件回放】

时间:2011 年 7 月

争议双方:1. 马某

　　　　　2. 南方 × × 大学

关键词:服役合同,解除

【案件回放】

南方 × × 大学下属篮球俱乐部与篮球运动员马某签订服役合同,约定:俱乐部聘请该运动员三年,工资待遇由双方协商确定。此外,合同第 4.2 条还约定:如因为乙方(马某)原有伤病而无法以符合甲方(俱乐部)要求的水准进行比赛,甲方可以立即以书面形式解雇乙方,并在通知之日结清乙方当月工资。签订本合同后,马某参加了中国男子篮球甲级联赛,在三个月的时间里,共上场 12 场、计 240 分钟、得分为 53 分。俱乐部向该运动员发出通知,按照合同约定解除与该运动员的劳动合同。该运动员马某不服提出仲裁,要求撤销俱乐部的解除合同通知书,继续履行合同。

【法律分析】

首先,篮球俱乐部与运动员马某之间存在劳动合同关系。双方建立的是管理和隶属关系,应受到《劳动法》的制约。随着 2008 年《劳动合同法》的实施,劳动关系主体出现宽松化的特点,俱乐部采用公司化运作方式,应认定双方的关系为劳动合同关系。

其次,篮球俱乐部以劳动合同约定来解除劳动合同是错误的。

(1)双方不得在合同中约定用人单位单方面解除劳动合同的条件。用人单位单方面解除劳动合同的情形只能是法定的,用人单位与劳动者不得通过约定改变或增加解除的情形。

(2)劳动合同第 4.2 条约定也不符合“不能胜任工作”的规定。俱乐部没有在规章制度中明确什么是“无法符合甲方要求的水准进行比赛”,其所列举的数据:上场数和上场的时间以及得分数是一个中性的指标,并不能得出“无法符合甲方要求的水准进行比赛”的结论。

(3)不得适用立即解除。用人单位立即解除劳动合同的条件是劳动者存在过失行为,本案运动员不存在过失,俱乐部至多只能预先一个月告知马某解除劳动合同并支付补偿金。

再次,无法确定运动员的伤情发生于何时。该运动员马某尚处于伤病阶段,无法确定该伤情发生于合同签订前还是入职后，入职后也没有做身体检查，因此应推定该运动员的伤情发生于合同签订后，如因参加比赛而受伤是工伤，如非因工作原因负伤，也应考虑医疗期的问题。

总之，用人单位解除与该运动员的劳动合同存在诸多障碍。用人单位应当在单位的规章制度中对"俱乐部要求的水准"作出明确规定，同时建立劳动者入职体检制度，这样在解除劳动合同时就有据可循。

用人单位在劳动者不能胜任工作时，应对劳动者进行培训或调换岗位，只有在劳动者仍然不能胜任工作的情况下，才能解除劳动合同。

【法律条文链接】

《劳动合同法》

第四十条 有下列情形之一的，用人单位提前三十日以书面形式通知劳动者本人或者额外支付劳动者一个月工资后，可以解除劳动合同：

（一）劳动者患病或者非因工负伤，在规定的医疗期满后不能从事原工作，也不能从事由用人单位另行安排的工作的；

（二）劳动者不能胜任工作，经过培训或者调整工作岗位，仍不能胜任工作的；

（三）劳动合同订立时所依据的客观情况发生重大变化，致使劳动合同无法履行，经用人单位与劳动者协商，未能就变更劳动合同内容达成协议的。

4.3 非双方过错时用人单位单方解除劳动合同的风险与防范

4.3.1 劳动者医疗期满，如何解除劳动关系

【案件回放】

时间：2010 年 9 月

争议双方：1. 贾某

2. 南方××大学

关键词：医疗期，解除合同

2010 年 9 月，贾某在南方××大学从事维修技工工作，与该大学签订了三年期的劳动合同。一年后的端午节期间，贾某遭人报复，被几个人打成重伤，殴打过程中其右手大拇指被割掉。为此，贾某连续休病假三个月住院进行治疗。病愈后，贾某回学校从事原工作，但因其失去了右手大拇指，不能胜任原工作，于是向学校提出调换工作。学校领导认为，贾某医疗期已休完，病愈后不能胜任工作，劳动合同无法继续履行，故以贾某医疗期满无法继续从事原工作为由解除了与他的劳动合同。

【法律分析】

医疗期是指劳动者因患病或非因工负伤停止工作治病休息不得解除劳动合同的时限。

《劳动合同法》第四十条第一项规定，劳动者患病或者非因工负伤，在规定的医疗期满后不能从事原工作，也不能从事由用人单位另行安排的工作的，用人单位提前三十日以书面形式通知劳动者本人或者额外支付劳动者一个月工资后，可以解除劳动合同。

本案例中，贾某虽然医疗期已满，且不能从事原工作，但他已向学校申请调换工作岗位，学校在没有给他另行安排工作，且没有证明他无法从事别的工作的情况下，不享有单方解除劳动合同的权利。即使贾某无法从事别的工作，公司也应提前三十天以书面通知或额外向他支付一个月工资后，才能单方解除劳动合同。因此在本案例里，××大学属于违法解除劳动合同。

在实践中，不少用人单位都片面地认为，劳动者患病或非因工负伤，只要其医疗期满，用人单位就可以单方解除劳动合同。殊不知，除法律另有规定外，用人单位单方合法解除劳动合同，需要满足以下四个条件：

第一，劳动者在规定的医疗期满后不能从事原工作；

第二，劳动者也不能从事由用人单位另行安排的工作；

第三，用人单位提前三十日以书面形式通知劳动者本人或者额外支付劳动者一个月工资；

第四，用人单位还应按法律规定支付解除劳动合同的经济补偿。

【法律条文链接】

原劳动部《企业职工患病或非因工负伤医疗期规定》

第三条　企业职工因患病或非因工负伤，需要停止工作医疗时，根据本人实际参加工作年限和在本单位工作年限，给予三个月到二十四个月的医疗期：

（一）实际工作年限十年以下的，在本单位工作年限五年以下的为三个月；五年以上的为六个月。

（二）实际工作年限十年以上的，在本单位工作年限五年以下的为六个月；五年以上十年以下的为九个月；十年以上十五年以下的为十二个月；十五年以上二十年以下的为十八个月；二十年以上的为二十四个月。

原劳动部《关于贯彻（企业职工患病或非因工负伤医疗期规定）的通知》二、关于特殊疾病的医疗期问题

根据目前的实际情况，对某些患特殊疾病（如精神病、癌症、瘫痪等）的职工，在二十四个月内尚不能痊愈的，经企业和劳动主管部门批准，可以适当延长医疗期。

《劳动合同法》

第四十条　有下列情形之一的，用人单位提前三十日以书面形式通知劳动者本人或者额外支付劳动者一个月工资后，可以解除劳动合同：

（一）劳动者患病或者非因工负伤，在规定的医疗期满后不能从事原工作，也不能从事由用人单位另行安排的工作的；

（二）劳动者不能胜任工作，经过培训或者调整工作岗位，仍不能胜任工作的；

（三）劳动合同订立时所依据的客观情况发生重大变化，致使劳动合同无法履行，经用人单位与劳动者协商，未能就变更劳动合同内容达成协议的。

第四十六条　有下列情形之一的,用人单位应当向劳动者支付经济补偿:

(一)劳动者依照本法第三十八条规定解除劳动合同的;

(二)用人单位依照本法第三十六条规定向劳动者提出解除劳动合同并与劳动者协商一致解除劳动合同的;

(三)用人单位依照本法第四十条规定解除劳动合同的;

(四)用人单位依照本法第四十一条第一款规定解除劳动合同的;

(五)除用人单位维持或者提高劳动合同约定条件续订劳动合同,劳动者不同意续订的情形外,依照本法第四十四条第一项规定终止固定期限劳动合同的;

(六)依照本法第四十四条第四项、第五项规定终止劳动合同的;

(七)法律、行政法规规定的其他情形。

第四十七条　经济补偿按劳动者在本单位工作的年限,每满一年支付一个月工资的标准向劳动者支付。六个月以上不满一年的,按一年计算;不满六个月的,向劳动者支付半个月工资的经济补偿。

劳动者月工资高于用人单位所在直辖市、设区的市级人民政府公布的本地区上年度职工月平均工资三倍的,向其支付经济补偿的标准按职工月平均工资三倍的数额支付,向其支付经济补偿的年限最高不超过十二年。

4.3.2　用人单位裁员时,如何与劳动者解除劳动合同

【案件回放】

时间:2008 年 9 月

争议双方:1. 王某

　　　　　2. 华北 × × 大学

关键词:工作目标,解除合同

【案件回放】

2008 年 9 月,大学毕业后的王某入职华北 × × 大学,从事软件开发工作,双方签订了三年的劳动合同,王某顺利地过了试用期,但是半年之后,不知什么原因,王某连续数月不能完成学校规定的劳动定额[①]。学校领导屡次找王某谈话,但仍不见效果。由此,学校认为他实在不能胜任目前的工作岗位,继续履行与他的劳动合同没有什么意义。因此,学校以王某不能胜任工作为由,提前三十天书面通知他解除劳动合同。王某不服,双方为此发生争执,王某申诉至当地劳动争议仲裁委员会。

【法律分析】

《劳动合同法》中规定:劳动者不能胜任工作,经过培训或者调整工作岗位,仍不能胜任工作的,用人单位提前三十日以书面形式通知劳动者本人或者额外支付劳动者一个月工资

① 定额是指在一定的生产技术和组织条件下,为劳动者生产一定量的合格品或完成一定量的工作所预先规定的活劳动消耗量的标准。有两种基本表现形式,即时间定额(或者工时定额)和产量定额。

后，可以解除劳动合同：该条款所说的“不能胜任工作”，是指不能按要求完成劳动合同中约定的工作任务或者同岗位人员的工作量。在本案例中，王某不能胜任本职工作，学校应该对其培训或者为其调整工作岗位，如果经过培训仍然不能胜任原来的工作，或者不能胜任原来的工作，或不能胜任经调整的工作岗位，那么学校才可以在这种情况下，提前三十天以书面形式通知王某或者额外支付其一个月工资后，单方解除与王某的劳动合同。因此，本案例中××大学的做法违反了法律的规定，应依法承担相应的违约责任。

【法律条文链接】

《劳动合同法》

第四十条　有下列情形之一的，用人单位提前三十日以书面形式通知劳动者本人或者额外支付劳动者一个月工资后，可以解除劳动合同：

（一）劳动者患病或者非因工负伤，在规定的医疗期满后不能从事原工作，也不能从事由用人单位另行安排的工作的；

（二）劳动者不能胜任工作，经过培训或者调整工作岗位，仍不能胜任工作的；

（三）劳动合同订立时所依据的客观情况发生重大变化，致使劳动合同无法履行，经用人单位与劳动者协商，未能就变更劳动合同内容达成协议的。

4.4　现行法律规定对用人单位解除劳动合同的限制

4.4.1　劳动者因工负伤丧失部分劳动能力，用人单位是否可以解除劳动合同

【案件回放】

时间：2009 年 8 月

争议双方：1. 龙某

　　　　　2. 北方××大学

关键词：工伤，解除合同

龙某是北方××大学内一名开校园绿化车的司机。2009 年 8 月 17 日，龙某在正常工作时发生工伤事故，被送入急救中心住院治疗，出院后他又在多家医院治疗。后经劳动鉴定委员会鉴定为七级伤残，丧失部分工作与生活能力。在这种情况之下，学校能否与之解除劳动合同？

【法律分析】

根据《劳动合同法》的规定，在本单位患职业病或者因工负伤并被确认丧失或者部分丧失劳动能力的，用人单位不得依照该法第四十条以及第四十一条的规定解除劳动合同。

在本案例中，龙某在工作过程中因工作原因负伤，属于因工负伤，且又丧失部分工作与生活能力，故学校不能解除与龙某的劳动合同。

这里需要说明的是，并不是只要存在劳动者因工负伤并被确认丧失或部分丧失劳动能

力的情形,用人单位就不能与劳动者解除劳动合同。如果劳动者的行为有符合《劳动合同法》第三十九条之规定的情形,用人单位还是可以解除与劳动者的劳动合同。

【法律条文链接】

《劳动合同法》

第三十九条 劳动者有下列情形之一的,用人单位可以解除劳动合同:

(一)在试用期间被证明不符合录用条件的;

(二)严重违反用人单位的规章制度的;

(三)严重失职,营私舞弊,给用人单位造成重大损害的;

(四)劳动者同时与其他用人单位建立劳动关系,对完成本单位的工作任务造成严重影响,或者经用人单位提出,拒不改正的;

(五)因本法第二十六条第一款第一项规定的情形致使劳动合同无效的;

(六)被依法追究刑事责任的。

第四十二条 劳动者有下列情形之一的,用人单位不得依照本法第四十条、第四十一条的规定解除劳动合同:

(一)从事接触职业病危害作业的劳动者未进行离职前职业健康检查,或者疑似职业病病人在诊断或者医学观察期间的;

(二)在本单位患职业病或者因工负伤并被确认丧失或者部分丧失劳动能力的。

(三)患病或者非因工负伤,在规定的医疗期内的;

(四)女职工在孕期、产期、哺乳期的;

(五)在本单位连续工作满十五年,且距法定退休年龄不足五年的;

(六)法律、行政法规规定的其他情形。

4.4.2 劳动者非因工负伤并处在规定的医疗期内,能否解除劳动合同

【案件回放】

时间:2008 年 11 月

争议双方:1. 佟某

2. 北方 × ×大学

关键词:医疗期,解除合同

【案件回放】

2008 年 11 月,佟某大学毕业后进入北方 × ×大学从事财务会计工作,双方签订了三年的劳动合同,工作一年后,佟某在一个周末被汽车撞了,经医生诊断,需要住院治疗半年。当佟某住院两个月后 × ×大学就以佟某医疗期满后不能上班为由,依据《劳动合同法》第四十条第一项规定,通知与佟某解除劳动合同。佟某很生气,认为自己还处在医疗期内,× ×大学无权解除劳动合同。那么,该大学能否解除与佟某的劳动合同。

【法律分析】

根据原劳动部《企业职工患病或非因工负伤医疗期规定》之规定，佟某享有三个月的医疗期；在《劳动合同法》中规定，法律明文规定劳动者患病或者非因工负伤，在规定的医疗期内的，用人单位不得依照该法第四十条和第四十一条的规定解除劳动合同。在本案例中，佟某的法定医疗期没有届满，且也不符合《劳动合同法》第四十条第一项规定的医疗期满后不能从事原工作及用人单位安排的其他工作之情形。因此，本案例中，××大学不能以佟某医疗期满后不能上班为由解除与佟某的劳动合同。

【法律条文链接】

《劳动合同法》

第四十二条　劳动者有下列情形之一的，用人单位不得依照本法第四十条、第四十一条的规定解除劳动合同：

（一）从事接触职业病危害作业的劳动者未进行离岗前职业健康检查，或者疑似职业病病人在诊断或者医学观察期间的；

（二）在本单位患职业病或者因工负伤并被确认丧失或者部分丧失劳动能力的；

（三）患病或者非因工负伤，在规定的医疗期内的；

第四十条　有下列情形之一的，用人单位提前三十日以书面形式通知劳动者本人或者额外支付劳动者一个月工资后，可以解除劳动合同：

（一）劳动者患病或者非因工负伤，在规定的医疗期满后不能从事原工作，也不能从事由用人单位另行安排的工作的；

（二）劳动者不能胜任工作，经过培训或者调整工作岗位，仍不能胜任工作的；

（三）劳动合同订立时所依据的客观情况发生重大变化，致使劳动合同无法履行，经用人单位与劳动者协商，未能就变更劳动合同内容达成协议的。

4.4.3　女劳动者在“怀孕期、生产期、哺乳期”能否解除劳动合同

【案件回放】

时间：2008 年 3 月

争议双方：1. 戴女士

　　　　　2. 南方××大学

关键词：女员工，解除合同

戴女士在××大学出版社任职，2008 年 3 月，戴女士怀孕了，她丈夫每天都接她上下班。2008 年 3 月的一天下午，戴女士接到丈夫的电话：“家里需要买个装订器，我去看一下，就不来接你回家了……”戴女士不等丈夫说完，就打断说：“还买什么呀，我们单位就有，等会下班我帮你拿一个就行了，我现在是孕妇，再说单位保安查得一点都不严。”下班之前，戴女士偷偷把一个装订器拿回了家。戴女士自以为没人知道，但戴女士的行为被一个同事看到了。因同事的举报，在出版社领导的讯问下，戴女士不得不说出实情。单位领导经研究

决定，认为戴女士的行为属于出版社制度规定的“偷盗单位财产的行为”，根据单位的规定，属于严重违反单位的规章制度，应给予解除劳动合同的处罚。于是，××大学出版社决定解除与戴女士的劳动合同。

【法律分析】

根据《劳动合同法》第四十二条第四项的规定，女劳动者在孕期、产期、哺乳期（以下简称“三期”）的，用人单位不得依照该法第四十条和第四十一条的规定解除劳动合同。这是法律对女劳动者在“三期”内给予的特殊保护。表面上看学校无权与戴女士解除劳动合同，但事实上，法律对“三期”女劳动者的保护并不是无限的、无原则的，而是有条件、有范围的。如果“三期”内的女劳动者存在《劳动合同法》第三十九条之规定的情形，法律将不对其继续进行特殊的保护，而是按相关法律的规定处理。本案例中，戴女士偷盗装订器的行为严重违反了出版社的规章制度，根据××大学出版社规章制度的规定与《劳动合同法》第三十九条第二项的规定，××大学出版社有权解除与戴女士的劳动合同。

【法律条文链接】

《劳动合同法》

第三十九条 劳动者有下列情形之一的，用人单位可以解除劳动合同：

（一）在试用期间被证明不符合录用条件的；

（二）严重违反用人单位的规章制度的；

（三）严重失职，营私舞弊，给用人单位造成重大损害的。

第四十二条 劳动者有下列情形之一的，用人单位不得依照本法第四十条、第四十一条的规定解除劳动合同：

（一）从事接触职业病危害作业的劳动者未进行离岗前职业健康检查，或者疑似职业病病人在诊断或者医学观察期间的；

（二）在本单位患职业病或者因工负伤并被确认丧失或者部分丧失劳动能力的；

（三）患病或者非因工负伤，在规定的医疗期内的；

（四）女职工在孕期、产期、哺乳期的；

（五）在本单位连续工作满十五年，且距法定退休年龄不足五年的；

（六）法律、行政法规规定的其他情形。

4.4.4 用人单位能否通过末位淘汰制度与劳动者解除劳动合同

【案件回放】

时间：2009 年 1 月

争议双方：1. 牛某

2. 北方××大学

关键词：末位淘汰，解除合同

2009 年 1 月，牛某被北方××大学下属销售食品公司录取任职，在双方签订的为期三年的劳动合同中约定,销售业绩连续三个月排名末位时,劳动合同自行解除。牛某入职后三个月里,其销售业绩考核均排在末位,单位此时提出牛某已被“末位淘汰”,劳动合同自行解除,牛某应配合单位办理相应离职手续。牛某认为用人单位的做法不合理且违法,遂向当地劳动争议仲裁委员会申请仲裁,请求确定用人单位解除劳动合同的行为违法,并要求继续履行劳动合同。

【法律分析】

实践中,不少用人单位为激励劳动者提高工作业绩,采取末位淘汰制作为管理手段。用人单位往往根据行业特点、自身的战略规划及各部门的具体目标,结合各个岗位的时间情况,制定一套绩效考核体系,并以之为标准,对一段时间内的劳动者的工作业绩进行考核,根据考核结果淘汰落后的劳动者。这种管理手段有一定的积极意义,但如果仅因为表现末位而与劳动者解除劳动合同,则不符合法律精神。

“末位淘汰”制度[①]与现行的劳动法律法规相违背。《劳动合同法》第四十条第二项规定,劳动者不能胜任工作,经过培训或者调整工作岗位,仍不能胜任工作的,用人单位提前三十日以书面形式通知劳动者本人或者额外支付劳动者一个月工资后,用人单位可单方面解除劳动合同。由此可见,以不胜任工作为由解除劳动合同的前提必须存在不胜任第一个岗位的情况下,经过用人单位培训或者调整岗位以后,又出现了第二次不胜任工作的情形,用人单位才可以以不胜任工作为由解除与劳动者的劳动合同。并且,用人单位对劳动者的两次不胜任工作负有举证责任,在这样的前提下解除劳动合同还须履行提前三十日通知或额外支付劳动者一个月工资的义务。

本案中,××大学下属销售食品公司解除牛某的劳动合同,存在以下问题:

(1)牛某虽然工作排名在后,但并不能表明他就不胜任工作,公司也没有举证证明牛某不胜任工作;

(2)没有经过培训或调整岗位;

(3)没有履行提前三十日通知或额外支付牛某一个月工资的义务。

故食品公司辞退牛某的理由不充分,没有法律依据。销售食品公司在劳动合同中约定以末位淘汰制度解除劳动合同是无效的,故当地劳动争议仲裁委员会最后依法支持了牛某的申诉请求。

【法律条文链接】

《劳动合同法》

第四十条　有下列情形之一的,用人单位提前三十日以书面形式通知劳动者本人或者额外支付劳动者一个月工资后,可以解除劳动合同:

(一)劳动者患病或者非因工负伤,在规定的医疗期满后不能从事原工作,也不能从事

---

① “末位淘汰”制度这一绩效管理方式,由美国通用电气公司前 CEO 杰克·韦尔奇首先提出,于 20 世纪 90 年代传入中国。目前,也受到国内的一些企业追捧。

由用人单位另行安排的工作的；

（二）劳动者不能胜任工作，经过培训或者调整工作岗位，仍不能胜任工作的；

（三）劳动合同订立时所依据的客观情况发生重大变化，致使劳动合同无法履行，经用人单位与劳动者协商，未能就变更劳动合同内容达成协议的。

第 5 章　劳动合同续签与终止中的风险与防范

5.1　劳动合同续签

5.1.1　利用间隔劳动合同签订的时间以规避无固定期限劳动合同的风险

【案件回放】

时间:2007 年 12 月
争议双方:1. 赵某
　　　　　2. 南方 × × 大学
关键词:间隔续签,固定合同

赵某为南方 × × 大学出版社的员工,其从 2007 年 5 月到该出版社上班,已经在该出版社工作了七年多。2007 年 12 月,该单位在仔细研究了《劳动合同法》后,认为《劳动合同法》生效后将给单位自由选择劳动者带来很多的限制,便决定采取措施提前清理有关员工或者续签劳动合同以避免无固定期限劳动合同的情形出现。因赵某在出版社工作将满十年,面临签订无固定期限劳动合同的风险,出版社为了规避这条规定,找到赵某与其协商,要求其先辞职回家休息两个月,两个月后公司将再与其签订劳动合同,如果赵某不同意,单位将提前解除与其的劳动合同。赵某为了保住该份工作,无奈答应了出版社的要求,于 2008 年 2 月向出版社提出辞职,随后在家休息了两个月。两个月后,单位便又与其签订了两年的劳动合同,合同期限自 2008 年 5 月 1 日起至 2010 年 4 月 30 日止。2010 年 4 月初,出版社向赵某发出终止劳动合同通知书,通知赵某单位将届时终止与其签订的劳动合同,不再续签。赵某不服,认为其已经在出版社工作十多年,符合签订无固定期限劳动合同的条件,单位没有理由将他扫地出门。单位则认为,其与赵某的劳动合同中途间断过,赵某在单位工作的十年时间并不连续,因此不符合签订无固定期限劳动合同的条件。双方经协商不能达成一致,赵某便向劳动争议仲裁委员会提起仲裁,要求继续履行劳动合同。

【法律分析】

用人单位在处理劳动关系时,应本着诚信的原则行事,不应为了恶意规避法律规定的无固定期限劳动合同而采用迫使劳动者辞职后又续签、刻意中断劳动合同后又续签等手段来处理劳动关系。如果执意为之,则将面临着其行为被劳动争议仲裁部门或法院认定为无效的风险,用人单位仍然要与劳动者签订无固定期限劳动合同。若用人单位确实不愿与员工签订无固定期限劳动合同,则其应注意劳动合同的期限连续计算不要超过十年;同时,自

2008 年 1 月 1 日后与劳动者只签订一次固定期限劳动合同。

在本案中,××大学出版社是否应该与赵某签订无固定期限劳动合同的关键在于赵某在出版社连续工作是否已满十年。如果赵某已经连续在出版社工作满十年,则出版社应与其签订无固定期限劳动合同,而不应单方终止劳动合同;如果赵某在出版社连续工作不满十年,则出版社有权到期终止与赵某的劳动合同,不再续签劳动合同。本案中,赵某在学校出版社工作已经十年多了,但其可分为两个时间段:第一个时间段为 2000 年 5 月至 2008 年 2 月,赵某在该出版社工作将近九年;第二个时间段为 2008 年 5 月至 2010 年 4 月底,赵某在该出版社工作两年。前后两个时间段中间断了两个月,即 2008 年 2 月至 2008 年 4 月。赵某在出版社工作确实是达到了十年多,但是其中中断了两个月,也就是前后两段的时间均不满十年,如何认定这中断的两个月呢? 就本案而言,赵某虽然在工作期间中断了两个月,但前后仍然构成连续工作,因为其中断在出版社工作的原因在于出版社要求其提出辞职,并采取其不提出辞职将提前解除劳动合同的威吓手段来逼迫赵某,出版社的这种做法也正是为了规避《劳动合同法》中关于签订无固定期限劳动合同的规定。因此,赵某提出辞职并不是其真实意思表示,实是出于出版社的逼迫,由此而产生的解除劳动合同行为应归于无效。

本案中,赵某与出版社在解除劳动合同关系两个月后便又签订了劳动合同,且赵某没有《劳动合同法》第三十九条规定之情形,故赵某前后工作年限应当连续计算,即赵某在出版社连续工作已满十年,出版社应当与赵某签订无固定期限劳动合同。

因此,在本案中,劳动争议仲裁委员会应当支持赵某的申诉请求,学校出版社将面临败诉的风险。

【法律条文链接】

《劳动合同法》

第十四条 无固定期限劳动合同,是指用人单位与劳动者约定无确定终止时间的劳动合同。

用人单位与劳动者协商一致,可以订立无固定期限劳动合同。有下列情形之一,劳动者提出或者同意续订、订立劳动合同的,除劳动者提出订立固定期限劳动合同外,应当订立无固定期限劳动合同:

(一)劳动者在该用人单位连续工作满十年的;

(二)用人单位初次实行劳动合同制度或者国有企业改制重新订立劳动合同时,劳动者在该用人单位连续工作满十年且距法定退休年龄不足十年的;

(三)连续订立二次固定期限劳动合同,且劳动者没有本法第三十九条和第四十条第一项、第二项规定的情形,续订劳动合同的。

用人单位自用工之日起满一年不与劳动者订立书面劳动合同的,视为用人单位与劳动者已订立无固定期限劳动合同。

5.1.2 用人单位在续签劳动合同能否对员工再次约定试用期

【案件回放】

时间:2009 年 5 月
争议双方:1. 龙女士
　　　　　2. 南方××大学
关键词:续签合同,试用期

南方××大学与员工龙女士原签的为期三年的劳动合同已于2009 年 5 月到期,合同到期后,该大学又与龙女士订立了为期两年的劳动合同,其中规定试用期为四个月,但是工资并没有降低。2009 年 7 月,学校以龙女士在试用期内经考核不合格为由将龙女士解雇,并不予支付任何经济补偿金。龙女士对学校的解雇不服,认为××大学与其在续订劳动合同时规定试用期不符合法律规定,××大学以试用期不符合考核标准为由将其解雇没有法律依据,遂诉至劳动争议仲裁委员会,请求确认××大学的解除劳动合同行为为违法解除行为,并要求××大学支付两倍的经济补偿金,共计七个月的工资。龙女士的诉求能否得到劳动争议仲裁委员会的支持呢?

【法律分析】

用人单位在与劳动者续签劳动合同时,不可因为试用期内解除劳动合同关系相对比较容易而再次约定试用期。用人单位在续签之前便应根据劳动者以往的工作表现来判断劳动者的工作是否合格,从而决定是否与其续签劳动合同,如果续签,则不能再次约定试用期。

《劳动合同法》第十九条第二款规定,同一用人单位与同一劳动者只能约定一次试用期。也就是说,劳动者在同一用人单位工作的,无论工作时间多长,也无论其间签订了多少次劳动合同,用人单位与劳动者只能约定一次试用期,即劳动者新进入用人单位时,用人单位可以与其约定试用期,此后均不能再次约定试用期。

本案中,龙女士已经在××大学工作了三年,现已经是第二次签订劳动合同,××大学在原履行的三年期劳动合同期间,已经对龙女士的表现很了解,应清楚她是否能胜任工作,学校与其续签劳动合同亦表明对其工作的肯定,已没有必要再次规定试用期。据此,学校与龙女士再次约定试用期违背了法律规定,损害了劳动者的合法权益,应认定为无效。学校违法解除劳动合同,应当向劳动者支付赔偿金。

《劳动合同法》第八十七条规定,用人单位违法解除劳动合同的,应当依照该法第四十七条规定的经济补偿标准的二倍向劳动者支付赔偿金。其第四十七条规定,经济补偿按劳动者在本单位工作的年限,每满一年支付一个月工资的标准向劳动者支付;六个月以上不满一年的,按一年计算;不满六个月的,向劳动者支付半个月工资的经济补偿。《劳动合同法实施条例》规定,赔偿金的计算年限自用工之日起计算。

龙女士在××大学工作三年零两个月,则根据上述赔偿标准,××大学应支付龙女士七个月工资作为赔偿金。劳动争议仲裁委员会应当支持龙女士的申诉请求。

【法律条文链接】

《劳动合同法》

第十九条 劳动合同期限三个月以上不满一年的,试用期不得超过一个月;劳动合同期限一年以上不满三年的,试用期不得超过二个月;三年以上固定期限和无固定期限的劳动合同,试用期不得超过六个月。

同一用人单位与同一劳动者只能约定一次试用期。

以完成一定工作任务为期限的劳动合同或者劳动合同期限不满三个月的,不得约定试用期。

第四十七条 经济补偿按劳动者在本单位工作的年限,每满一年支付一个月工资的标准向劳动者支付。六个月以上不满一年的,按一年计算,不满六个月的,向劳动者支付半个月工资的经济补偿。

第八十七条 用人单位违反劳动合同法的规定解除或者终止劳动合同,依照劳动合同法第四十七条的规定支付了赔偿金的,不再支付经济补偿。赔偿金的计算年限自用工之日起计算。

5.2 劳动合同终止

5.2.1 劳动合同到期后自动延续的情形

【案件回放】

时间:2009 年 6 月

争议双方:1. 薛某

2. 南方 × ×大学

关键词:合同到期,自动延续

2009 年 6 月 3 日,薛某与南方 × ×大学签订劳动合同,担任会计一职,工资为每月 3 000 元,合同期限自 2009 年 6 月 3 日至 2011 年 6 月 2 日。2011 年 5 月 2 日,学校向薛某发出劳动合同终止通知书。薛某接到通知后,便向学校提出,自己已经怀有四个月的身孕,依照法律规定,学校不得终止与其的劳动合同,薛某要求继续在学校上班。学校则认为,单位与薛某的劳动合同到期后,其有权终止双方的劳动关系。为此,双方发生争议,协商无果。薛某遂向劳动争议调解机构投诉,后在劳动争议调解机构的调解下,学校同意延长与薛某签订的劳动合同至其哺乳期届满时止。

【法律分析】

由于女职工在“三期”阶段内,其身体、心理都需要得到特别保护,如果用人单位在女职工怀孕期、产假期或哺乳期便解除或终止劳动合同会给女职工增加经济负担;而怀孕期、产假期职工寻找新的工作受到很多限制,不易找到适合的工作,这样便又会增添女职工的心理负担。既不利于保护女职工也会对胎儿或新生儿产生影响。故此《劳动合同法》明文规定，女职工在孕期、产期、哺乳期的，即便劳动合同期满，劳动合同亦应当延续至该情形消失时终止。

本案中，薛某在孕期内，学校依法不能终止其与薛某的劳动合同，该劳动合同应当自动延续至薛某孕期、产期、哺乳期期满之日止。学校接受薛某的意见，将劳动合同期限延长至孕期、产期、哺乳期期满之日止是明智的。

在此还需要另外指出的是，劳动合同到期后，普通劳动者，如果其担任工会主席、副主席或者委员的情况下，劳动合同期限也应顺延至其任期期满之日止，除非在其任职期间，犯有严重过失或达到法定退休年龄。《工会法》第十八条对此作了明确规定，即"基层工会专职主席、副主席或者委员自任职之日起，其劳动合同期限自动延长，延长期限相当于其任职期间；非专职主席、副主席或者委员自任职之日起，其尚未履行的劳动合同期限短于任期的，劳动合同期限自动延长至任期期满。但是，任职期间个人严重过失或者达到法定退休年龄的除外。"

高校与劳动者的劳动合同到期后，如不符合延续条件，而高校又想终止劳动关系的，应提前向劳动者发出终止劳动合同通知书。

高校在接到劳动者对解除劳动合同通知不服，而主张劳动合同期限应当延续之意见的情况下，应当分析劳动者反映的情况是否属实，其主张是否合理，如属实、合理，则按照法律规定将合同期限顺延；如不属实、不合理，则拒绝，并向劳动者说明理由。

【法律条文链接】

《劳动合同法》

第四十二条　劳动者有下列情形之一的，用人单位不得依照本法第四十条、第四十一条的规定解除劳动合同：

（一）从事接触职业病危害作业的劳动者未进行离岗前职业健康检查，或者疑似职业病病人在诊断或者医学观察期间的；

（二）在本单位患职业病或者因工负伤并被确认丧失或者部分丧失劳动能力的；

（三）患病或者非因工负伤，在规定的医疗期内的；

（四）女职工在孕期、产期、哺乳期的；

（五）在本单位连续工作满十五年，且距法定退休年龄不足五年的；

（六）法律、行政法规规定的其他情形。

第四十五条　劳动合同期满，有本法第四十二条规定情形之一的，劳动合同应当续延至相应的情形消失时终止。但是，本法第四十二条第二项规定丧失或者部分丧失劳动能力劳动者的劳动合同的终止，按照国家有关工伤保险的规定执行。

《工会法》

第十八条　基层工会专职主席、副主席或者委员自任职之日起其劳动合同期限自动延长，延长期限相当于其任职期间；非专职主席、副主席或者委员自任职之日起，其尚未履行的劳动合同期限短于任期的，劳动合同期限自动延长至任期期满。但是，任职期间个人严重过失或者达到法定退休年龄的除外。

5.2.2 劳动合同终止后,用人单位的后续义务

【案件回放】

时间:2008 年 10 月

争议双方:1. 龙某

2. 南方××职业学院

关键词:合同终止,后续义务

【案件回放】

南方××职业学院 2008 年 3 月聘用龙某担任学校实验室管理员,月工资 2 500 元,合同期限自 2008 年 3 月 31 日至 2009 年 3 月 30 日。入职后××职业学院对龙某的工作情况不满意,认为其虽然工作能力强,但是经常顶撞上司,给周围单位领导和同事造成不好的影响,便于 2009 年 3 月 20 日向龙某发出劳动合同终止通知书,随后龙某按照××职业学院的要求履行了交接手续,但××职业学院向龙某进行工资结算没有向其支付任何经济补偿金,也没有给龙某开具终止劳动合同证明,还暂扣龙某档案故意为其制造困难。龙某无奈,便将××职业学院诉至当地劳动争议仲裁委员会,要求履行其义务并支付经济补偿金。

【法律分析】

劳动合同终止后,用人单位与劳动者的劳动关系取消,并不表示双方之间已经没有任何权利义务了,实际上双方还存在着后续的权利义务。

《劳动合同法》中规定,用人单位应当在解除或者终止劳动合同时出具解除或者终止劳动合同的证明,并在十五日内为劳动者办理档案和社会保险关系转移手续,劳动者应当按照双方约定,办理工作交接:用人单位依照本法有关规定应当向劳动者支付经济补偿的,在办理工作离职后,用人单位对已经解除或者终止的劳动合同的文本,至少保存二年备查。

综上所述,在劳动合同终止后,用人单位与劳动者还存在着下列后续义务:

(1)用人单位有在办理交接手续时向劳动者支付经济补偿的义务。对劳动者的经济补偿金,用人单位应当在劳动者办结工作交接时一次性支付。如果用人单位不及时支付经济补偿金的,劳动行政部门可以责令用人单位限期支付经济补偿金;如果用人单位逾期不支付的,劳动行政部门可以责令用人单位按应付金额百分之五十以上百分之一百以下的标准向劳动者加付赔偿金。

(2)用人单位有在十五日内为劳动者办理档案和社会保险关系转移的义务,用人单位在依法解除或者终止“老大难”的合同时,如果用人单位扣押劳动者档案或者其他物品的,劳动行政部门可以责令用人单位限期退还劳动者本人,并可按每一名劳动者五百元以上二千元以下的标准处以罚款;如给劳动者造成损失的,用人单位还应当承担赔偿责任,劳动者有按照双方约定,遵循诚实信用的原则办理工作交接的义务。为了保证用人单位相关工作的有序、顺利进行,不因劳动者变更导致有关工作前后衔接不上,《劳动合同法》规定了劳动者的此项义务。

(3)用人单位负有对已经解除或者终止的劳动合同文本保存二年以上备查的义务、考

虑到劳动合同文本是记载劳动合同双方权利义务的基本文件,《劳动合同法》规定了用人单位有保留相关档案的义务。具体到本案,龙某已经按照××职业学院的要求履行了工作交接义务,故××职业学院应当履行其自身的后合同义务,即为龙某开具劳动关系终止证明、办理社会保险与档案转移手续并支付终止劳动合同经济补偿金 2 000 元,如在劳动行政部门责令其限期支付后,其仍逾期不支付的,则用人单位还应按应付金额百分之五十以上百分之一百以下的标准向龙某加付赔偿金。

用人单位在终止与劳动者的劳动合同时,应注意履行好自己后续的合同义务,以免发生纠纷,招致不必要的损失,一般来说,用人单位应做好以下工作:第一,为劳动者开具终止劳动合同证明;第二,如需要给劳动者经济补偿的,在劳动者办结工作交接时一次性支付;第三,在终止劳动合同后十五日内为劳动者办理档案和社会保险关系转移手续;第四,对与劳动者有关的相关资料,诸如劳动合同、工资单、考勤记录等保存两年备查,便于纠纷发生时举证。

【法律条文链接】

《劳动合同法》

第五十条　用人单位应当在解除或者终止劳动合同时出具解除或者终止劳动合同的证明,并在十五日内为劳动者办理档案和社会保险关系转移手续。劳动者应当按照双方约定,办理工作交接:用人单位依照本法有关规定应当向劳动者支付经济补偿的,在办结工作交接时支付,用人单位对已经解除或者终止的劳动合同的文本,至少保存二年备查。

第八十四条　用人单位违反本法规定,以担保或者其他名义向劳动者收取财物的,由劳动行政部门责令限期退还劳动者本人,并以每人五百元以上二千元以下的标准处以罚款;给劳动者造成损害的,应当承担赔偿责任。劳动者依法解除或者终止劳动合同,用人单位扣押劳动者档案或者其他物品的,依照前款规定处罚。

第八十五条　用人单位有下列情形之一的,由劳动行政部门责令限期支付劳动报酬、加班费或者经济补偿;劳动报酬低于当地最低工资标准的,应当支付其差额部分;逾期不支付的,责令用人单位按应付金额百分之五十以上百分之一百以下的标准向劳动者加付赔偿金。

(一)未按照劳动合同的约定或者国家规定及时足额支付劳动者劳动报酬的;

(二)低于当地最低工资标准支付劳动者工资的;

(三)安排加班不支付加班费的;

(四)解除或者终止劳动合同,未依照本法规定向劳动者支付经济补偿的。

第八十九条　用人单位违反本法规定未向劳动者出具解除或者终止劳动合同的书面证明,由劳动行政部门责令改正;给劳动者造成损害的,应当承担赔偿责任。

第 6 章　社会保险处理的风险与防范

6.1　试用期间用人单位是否需为劳动者缴纳社会保险

【案件回放】

时间:2009 年 9 月
争议双方:1. 龙某
　　　　　2. 北方 × × 大学
关键词:试用期,保险缴纳

龙某于 2009 年 9 月入职北方 × × 大学。入职时 × × 大学与龙某签订了劳动合同,该合同规定,劳动合同期限两年,试用期为两个月,试用期内学校不为员工购买社会保险;试用期内月工资为 3 500 元,试用期满后月工资为 4 000 元。后学校在龙某试用期满后为其缴纳了社会保险。龙某上班五个月后向别人了解到,试用期间学校也应当为其缴纳社会保险。为此,龙某与学校沟通,要求学校为其补缴试用期间的社会保险, × × 大学不允。龙某便将 × × 大学诉至劳动争议仲裁委员会,要求学校依法为其补缴社会保险。 × × 大学则认为,试用期内单位可以不为员工缴纳社会保险,且此也经过双方协商同意,试用期满后单位已经按照法律标准为其缴纳了社会保险,并不违反法律法规,请求劳动争议仲裁委员会驳回龙某的申诉请求。后经调解, × × 大学同意为易先生补缴社会保险。

【法律分析】

社会保险的缴纳期限为劳动关系建立之日起至劳动关系终止之日止。《劳动合同法》规定,用人单位自用工之日起即与劳动者建立劳动关系。因此,用人单位应当自用工之日起便为劳动者购买社会保险。《劳动合同法》第十九条第四款明确规定,试用期包含在劳动合同期限内;劳动合同仅约定试用期的,试用期不成立,该期限为劳动合同期限。由于在试用期内,劳动者与用人单位已发生用工事实,双方的劳动关系已然建立,故此,在试用期内,用人单位仍然要为劳动者缴纳社会保险。

实践中,一些用人单位借口未签订劳动合同或签订的是试用期合同而拒缴社会保险是违法的。本案中, × × 大学没有在试用期内为龙某缴纳社会保险违反了法律规定,其应当承担补缴的义务。

【法律条文链接】

《劳动合同法》

第七条　用人单位自用工之日起即与劳动者建立劳动关系。用人单位应当建立职工名册备查。

第十九条　劳动合同期限三个月以上不满一年的,试用期不得超过一个月;劳动合同期限一年以上不满三年的,试用期不得超过二个月;三年以上固定期限和无固定期限的劳动合同,试用期不得超过六个月。

同一用人单位与同一劳动者只能约定一次试用期。

以完成一定工作任务为期限的劳动合同或者劳动合同期限不满三个月的,不得约定试用期。

试用期包含在劳动合同期限内。劳动合同仅约定试用期的,试用期不成立,该期限为劳动合同期限。

6.2　用人单位为劳动者缴纳社会保险的义务能否因双方协商一致而免除

【案件回放】

时间:2009 年 2 月

争议双方:1. 蔡某

　　　　　2. 北方 × × 大学

关键词:社会保险,免除

蔡某为北方 × × 大学电器维修中心 2009 年 2 月新招聘的员工,该大学与蔡某约定:劳动合同期限三年,试用期为两个月,试用期内月工资为 3 000 元,试用期满后在此前 3 000 元的基本工资上另加岗位津贴 1 000 元;同时双方约定,学校不为蔡某购买社会保险,但学校应每月补贴其人民币 200 元,以作为蔡某放弃 × × 大学为其购买社会保险的补偿。2009 年 10 月,蔡某对学校不为其购买社会保险的行为不满,便与单位主管人员沟通,要求单位为其购买社会保险,学校不同意,蔡某在同年 10 月 24 日向劳动争议仲裁委员会申请仲裁,要求解除其与公司的劳动合同,同时要求学校补缴从 2009 年 2 月至 10 月的社会保险,并支付经济补偿金共计 9 000 元;学校则认为,其不为蔡某缴纳社会保险是经过双方协商同意的,并不违反法律法规,再者,社会保险是学校给予员工的福利,并且每月补贴蔡某 200 元作为其不为蔡某缴纳社会保险的补偿,也体现了学校对员工的关怀,但其对该 200 元的补偿问题并没有提出反诉请求,后劳动争议仲裁委员会经过审理,全部支持了蔡某的申诉请求。

【法律分析】

《劳动法》中规定,社会保险基金按照保险类型确定资金来源,逐步实行社会统筹;用人单位和劳动者必须依法参加社会保险,缴纳社会保险费。《社会保险费征缴暂行条例》也规定,缴费单位逾期拒不缴纳社会保险费、滞纳金的,由劳动保障行政部门或者税务机关申请人民法院依法强制征缴。

根据前述法律法规可知,社会保险费的性质属于一种国家强制用人单位为劳动者缴纳的具有保险性质的、劳动者为保险受益人的保险基金,由国家作为基金投资人占有、使用并保值增值,劳动者依法享有社会保险的期待权,以奠定其在生病、年老等特定情况下生存与发展的经济基础。据此,劳动者也无权放弃由用人单位为其缴纳社会保险费的权利。换言之,不论劳动者是否提出请求,用人单位都应该为劳动者缴纳社会保险费中其应缴比例,用人单位缴纳社会保险的义务以及标准不因劳动者的单方意愿而予以减免。在本案中,××大学主张,学校与蔡某在劳动合同中已就缴纳社会保险的问题进行了协商并达成一致,故学校可以不为蔡某缴纳社会保险。但这种约定由于违反了法律强制性规定,应归于无效,对蔡某没有法律约束力,××大学仍然要为其缴纳社会保险。

在这里需要指出的是,对于××大学因其没有为蔡某缴纳社会保险而给蔡某每月补偿金200元的问题,学校可以在蔡某向劳动争议仲裁委员会提起申诉时一并提起反请求,要求蔡某退还每月为其补偿的200元。劳动争议仲裁委员会在裁决××大学为蔡某缴纳社会保险以及支付经济补偿金的同时,应依法裁决蔡某退还学校每月为其发放的200元补贴,但是学校并没有提出该请求,根据"不告不理"原则,劳动争议仲裁委员会对此不应予以裁决。

【法律条文链接】

《社会保险法》

第六十二条 用人单位未按规定申报应当缴纳的社会保险费数额的,按照该单位上月缴费额的百分之一百一十确定应当缴纳数额;缴费单位补办申报手续后,由社会保险费征收机构按照规定结算。

第六十三条 用人单位未按时足额缴纳社会保险费的,由社会保险费征收机构责令其限期缴纳或者补足。

用人单位逾期仍未缴纳或者补足社会保险费的,社会保险费征收机构可以向银行和其他金融机构查询其存款账户;并可以申请县级以上有关行政部门作出划拨社会保险费的决定,书面通知其开户银行或者其他金融机构划拨社会保险费。用人单位账户余额少于应当缴纳的社会保险费的,社会保险费征收机构可以要求该用人单位提供担保,签订延期缴费协议。

用人单位未足额缴纳社会保险费且未提供担保的,社会保险费征收机构可以申请人民法院扣押、查封、拍卖其价值相当于应当缴纳社会保险费的财产,以拍卖所得抵缴社会保险费。

第八十四条 用人单位不办理社会保险登记的,由社会保险行政部门责令限期改正;逾期不改正的,对用人单位处应缴社会保险费数额一倍以上三倍以下的罚款,对其直接负责的主管人员和其他直接责任人员处五百元以上三千元以下的罚款。

第八十六条 用人单位未按时足额缴纳社会保险费的,由社会保险费征收机构责令限期缴纳或者补足,并自欠缴之日起,按日加收万分之五的滞纳金;逾期仍不缴纳的,由有关行政部门处欠缴数额一倍以上三倍以下的罚款。

《劳动法》

第七十二条 社会保险基金按照保险类型确定资金来源,逐步实行社会统筹。用人单位和劳动者必须依法参加社会保险,缴纳社会保险费。

《社会保险费征缴暂行条例》

第二十六条 缴费单位逾期拒不缴纳社会保险费、滞纳金的,由劳动保障行政部门或者税务机关申请人民法院依法强制征缴。

6.3 在劳务派遣关系中为劳动者缴纳社会保险的义务应该属于谁

争议双方:1. 王先生
2. 劳务派遣公司
3. 南方××大学
关键词:劳务派遣,社保

××市劳务派遣公司把王先生派遣到南方××大学从事绿化技术员,其与派遣单位签订了为期两年的劳动合同。后王先生在用工单位,即××大学工作期间,发现劳务派遣单位没有为自己缴纳社会保险,××大学亦没有为其缴纳。于是,王先生向劳务派遣单位反映,要求其为自己缴纳社会保险,劳务派遣公司则认为,缴纳社会保险的义务应当属于××大学,因为其是实际用人单位,于是王先生又找到××大学,而××大学则认为,缴纳社会保险的义务应当属于劳务派遣公司,自己只负责实际用工并支付用工费用。王先生一怒之下,将劳务派遣公司告至劳动争议仲裁委员会,请求解除劳动合同并要求劳务派遣公司支付经济补偿金,同时为其补缴社会保险。

【法律分析】

劳务派遣,又称劳动派遣、劳动力租赁,是指由劳务派遣单位与被派遣劳动者订立劳动合同,由被派遣劳动者向实际用工单位给付劳务,劳动合同关系存在于劳务派遣单位与被派遣劳动者之间,但劳动力给付的事实则发生于被派遣劳动者与实际用工单位之间。劳务派遣最显著特征就是劳动力的雇用和使用分离。由于在劳务派遣关系中存在着三方关系,即劳务派遣单位与被派遣劳动者之间的劳动关系,劳务派遣单位与实际用工单位之间的劳务派遣合同关系以及实际用工单位与被派遣劳动者之间的劳务关系。

《劳动合同法》中规定了劳务派遣单位派遣劳动者应当与实际用工单位订立劳务派遣协议,劳务派遣协议应当约定社会保险费的数额与支付方式。由此可知,在双方对此作了明确约定的情况下,则按约定办理。那么当双方对此没有约定时又当如何处理呢?《劳动合同法》明确规定,劳务派遣单位是本法所称用人单位,应当履行用人单位对劳动者的义务;劳务派遣单位与被派遣劳动者订立的劳动合同应当载明社会保险事项。据此,在劳务派遣中,劳动关系的双方是劳务派遣单位与劳动者,劳务派遣单位作为用人单位,应当依法为劳动者缴纳社会保险;再者,用工单位之所以接受劳务派遣,在一定程度上,也是考虑到这种方式带来的便利,如果仍旧将本应由劳务派遣单位打理的事务重归用工单位,则失去了劳务派遣的吸引力,违背其接受劳务派遣的初衷。因此,在本案中,为王先生缴纳社会保险的义务应当归于劳务派遣公司,××大学只需向王先生支付用工费用即可,劳动争议仲裁委员会应当支持王先生的诉求。

【法律条文链接】

《劳动合同法》

第五十八条 劳务派遣单位是本法所称用人单位,应当履行用人单位对劳动者的义务。

第五十九条 劳务派遣单位派遣劳动者应当与接受以劳务派遣形式用工的单位(以下称用工单位)订立劳务派遣协议。劳务派遣协议应当约定派遣岗位和人员数量、派遣期限、劳动报酬和社会保险费的数额与支付方式以及违反协议的责任。

6.4 用人单位是否应为非全日制的劳动者缴纳社会保险

【案件回放】

时间:2009 年 6 月

争议双方:1. 李某

2. 北方××职业学校

关键词:全日制,社保

李某是北方某知名大学教授,因平时学校事务不多,便与北方××职业学校签订了一份非全日制劳动合同。合同约定,李某每周为该××职业学校授课 5 小时,每天授课 1 小时,课时费为每小时人民币 300 元。李某要求该职业学校为其缴纳社会保险,遭到职业学校的拒绝,学校认为在非全日制用工形式下,用人单位没有为劳动者缴纳社会保险的义务。那么在这种情况下职业学校应该为李某缴纳社会保险吗?

【法律分析】

非全日制用工,是指以小时计酬为主,劳动者在同一用人单位一般平均每日工作时间不超过四小时,每周工作时间累计不超过二十四小时的用工形式。非全日制用工由于其灵活性、便利性、短期性给用人单位带来了很多好处,但也正是这些特点使得劳动者社会保险的缴纳成为一个问题,很少有用人单位为非全日制劳动者缴纳社会保险。在非全日制用工形式下,用人单位需不需要为其缴纳社会保险?如何缴纳?

对此,《劳动法》以及《劳动合同法》,甚至随后的《劳动合同法实施条例》均没有作出规定,只是劳动和社会保障部在 2003 年出台了一个劳动和社会保障部《关于非全日制用工若干问题的意见》(劳社部发〔2003〕12 号)。该文件规定,用人单位应当按照国家有关规定为建立劳动关系的非全日制劳动者缴纳工伤保险费;从事非全日制工作的劳动者发生工伤,依法享受工伤保险待遇。按照该文件的规定,在非全日制用工形式下用人单位只需要为员工缴纳工伤保险费,而其他保险,诸如养老保险、医疗保险、失业保险、生育保险则不需要缴纳。

根据以上规定,本案中的职业学校至少应当为李某缴纳工伤保险。

【法律条文链接】

《关于非全日制用工若干问题的意见》

第十二条　用人单位应当按照国家有关规定为建立劳动关系的非全日制劳动者缴纳工伤保险费。从事非全日制工作的劳动者发生工伤。依法享受工伤保险待遇;被鉴定为伤残 5 至 10 级的,经劳动者与用人单位协商一致,可以一次性结算伤残待遇及有关费用。

6.5　用人单位没有依法为劳动者缴纳社会保险的风险

【案件回放】

时间:2009 年 6 月
争议双方:1. 刘某、袁某、王某
　　　　　2. 北方××专科学院
关键词:保险,缴纳

2008 年 10 月 16 日,北方××专科学院成立,成立之后很长时间都没有办理社会保险登记,因此无法为员工缴纳社会保险,后劳动保障行政部门责令其限期办理社会保险登记并为员工缴纳社会保险。××专科学院仍不听从,拒不办理社会保险登记,也不为员工缴纳社会保险。2009 年 4 月,劳动保障行政部门对××专科学院法定代表人处以 10 000 元的经济罚款。同时,由于很长时间没有为员工缴纳社会保险,激起员工刘某的不满,2009 年 6 月,先后有三位员工刘某、袁某、王某要求辞职,要求补缴社会保险并支付经济补偿金,这种情况还有蔓延的趋势,给××专科学院带来了极大的不稳定。××专科学院害怕自己一旦给了这三位员工经济补偿金后,其他员工就会纷纷效仿。为了遏制这种趋势,××专科学院拒不答应这三位员工的辞职请求并不给予任何经济补偿。为此,双方闹到劳动争议仲裁委员会,劳动争议仲裁委员会支持了三位员工的申诉请求,××专科学院在为他们补缴了社会保险后,又支付了 20 000 多元。

【法律分析】

用人单位没有为劳动者缴纳社会保险,将可能面临来自劳动行政部门处罚以及劳动者请求赔偿的风险。

1. 来自劳动行政部门的处罚风险

按照《社会保险费征缴暂行条例》以及《社会保险费征缴监督检查办法》,用人单位当按照规定办理社会保险登记、变更登记或注销登记。如果没有办理,劳动保障行政部门会责令改正,如果情节严重的,用人单位直接负责的主管人员以及其他直接责任人员将会受到相应金额罚款的处罚。如果用人单位没有按照规定为劳动者缴纳社会保险费的,社会保险经办机构会向其发出《社会保险费催缴通知书》,逾期用人单位仍不缴纳的,除补缴欠缴数额外，从欠缴之日起，还要按日加收2‰的滞纳金，情节严重或特别严重的，社会保险经办机构还可以对直接负责的主管人员和其他直接负责人员处以相应数额的罚款。

本案中，××专科学院法定代表人便受到了来自劳动保障行政部门的罚款处罚。

2. 来自劳动者请求赔偿的风险

《劳动合同法》中规定，用人单位未依法为劳动者缴纳社会保险费的，劳动者可以解除劳动合同；劳动者依照本法第三十八条规定解除劳动合同的，用人单位应当向劳动者支付经济补偿。

未依法缴纳当指没有按照法律规定足额为劳动者缴纳社会保险，在实践中一般表现为三种情形：

（1）根本不缴纳社会保险，如本案中发生的情况；

（2）没有足险种地为劳动者缴纳社会保险，如只为劳动者缴纳工伤保险，而不为劳动者缴纳养老保险、医疗保险与失业保险等；

（3）没有足额为劳动者缴纳社会保险，如果用人单位有该等情形发生，则劳动者可以以此为由解除与用人单位的劳动合同并要求用人单位支付经济补偿金。

本案中，××专科学院没有为员工缴纳社会保险，结果便遭致多位员工的申诉，其既要为这些员工补缴社会保险，同时又要向劳动者支付经济补偿金。这样，××专科学院既损失了一大笔金钱，又不利于××专科学院的稳定发展。

【法律条文链接】

《社会保险费征缴暂行条例》

第十三条 缴费单位未按规定缴纳和代扣代缴社会保险费的，由劳动保障行政部门或者税务机关责令限期缴纳；逾期仍不缴纳的，除补缴欠缴数额外，从欠缴之日起，按日加收千分之二的滞纳金。滞纳金并入社会保险基金。

第二十三条 缴费单位未按照规定办理社会保险登记、变更登记或者注销登记，或者未按照规定申报应缴纳的社会保险费数额的，由劳动保障行政部门责令限期改正；情节严重的，对直接负责的主管人员和其他直接责任人员可以处1 000元以上5 000元以下的罚款；情节特别严重的，对直接负责的主管人员和其他直接责任人员可以处5 000元以上10 000元以下的罚款。

《劳动合同法》

第三十八条 用人单位有下列情形之一的，劳动者可以解除劳动合同：

（一）未按照劳动合同约定提供劳动保护或者劳动条件的；

（二）未及时足额支付劳动报酬的；

（三）未依法为劳动者缴纳社会保险费的；

（四）用人单位的规章制度违反法律、法规的规定，损害劳动者权益的；

（五）因本法第二十六条第一款规定的情形致使劳动合同无效的；

（六）法律、行政法规规定劳动者可以解除劳动合同的其他情形。

用人单位以暴力、威胁或者非法限制人身自由的手段强迫劳动者劳动的，或者用人单位违章指挥、强令冒险作业危及劳动者人身安全的，劳动者可以立即解除劳动合同，不需事先告知用人单位。

第四十六条　有下列情形之一的，用人单位应当向劳动者支付经济补偿：

（一）劳动者依照本法第三十八条规定解除劳动合同的；

（二）用人单位依照本法第三十六条规定向劳动者提出解除劳动合同并与劳动者协商一致解除劳动合同的；

（三）用人单位依照本法第四十条规定解除劳动合同的；

（四）用人单位依照本法第四十一条第一款规定解除劳动合同的；

（五）除用人单位维持或者提高劳动合同约定条件续订劳动合同，劳动者不同意续订的情形外，依照本法第四十四条第一项规定终止固定期限劳动合同的；

（六）依照本法第四十四条第四项、第五项规定终止劳动合同的；

（七）法律、行政法规规定的其他情形。

《最高人民法院关于审理劳动争议案件适用法律若干问题的解释（三）》

第一条　劳动者以用人单位未为其办理社会保险手续，且社会保险经办机构不能补办导致其无法享受社会保险待遇为由，要求用人单位赔偿损失而发生争议的，人民法院应予受理。

第 7 章　工伤事故处理的风险与防范

7.1　工 伤 认 定

7.1.1　用人单位承担工伤事故的赔偿责任是否要以其有过错为前提

【案件回放】

时间:2010 年 4 月
争议双方:1. 贾某
　　　　　2. 北方××职业技术学院
　　　　　3. A 公司
关键词:工伤赔偿,过错

北方××职业技术学院直属工程公司,在外有从事钢制门窗销售及安装的项目。A 公司的大门门窗已破旧,便决定更换,于是便与××职业技术学院直属工程公司签订了买卖合同,从××职业技术学院直属工程公司处购买一套门窗,并要求该公司为其安装好,安装完毕后,该公司便支付××职业技术学院直属工程公司人民币 11 万元。合同签订后,工程公司便安排员工贾某、王某将门窗送到 A 公司,并为其安装好。在安装门窗的过程中,贾某因操作不慎,手指被钢制门窗卡住了,将其手指压断。A 公司紧急将其送往医院治疗,并通知王某,王某支付了医药费。贾某出院后,找到 A 公司,要求进行工伤认定与伤残鉴定,并要求 A 公司给付工伤待遇。A 公司答复道,A 公司与工程公司只是买卖合同关系,并无其他关系,贾某与其并不存在劳动关系,A 公司也没有侵权行为,其不应承担责任,贾某应该找工程公司主张权利。贾某便找到工程公司,要求其给付工伤待遇。工程公司认为,贾某手指被钢门压断系其在安装门窗时没有按照规范进行操作所致,贾某对其本人损害结果具有过错,故此,工程公司不承担责任。那么在本案中,A 公司与××职业技术学院直属工程公司究竟应不应该对贾某的伤残承担责任呢?

【法律分析】

《工伤保险条例》第一条规定了该条例的制定目的,即是为了保障因工作遭受事故伤害或者患职业病的职工获得医疗救治和经济补偿,促进工伤预防和职业康复,分散用人单位的工伤风险。再结合该条例第十四条的规定,可以分析得出,一件事故若被认定为工伤事故,一般应当符合以下几个法律条件。

1. 职工与用人单位之间存在劳动关系

工伤事故是用人单位的员工在劳动过程中所遭受的人身伤亡事故,受害者是用人单位的员工是该事故被认定为工伤事故的前提条件。换言之,受害者必须与用人单位之间存在劳动关系。只有受害者与用人单位存在劳动关系,该事故才有可能被认定为工伤事故,受害者有可能申请享受工伤待遇;否则,无论受害者的伤情如何严重,该事故都不属于工伤事故,其也不享有工伤待遇。

在有些情况下,承揽关系与事实劳动关系很容易混淆,但这两种关系还是有着很大差异的,一般来说,两者的主要区别在于:在劳动关系中,劳动者与用人单位之间的地位是不平等的,劳动者接受用人单位的管理,听从其工作安排调度,为其提供劳动,用人单位则不仅要向劳动者支付工资,还需要承担管理责任,确保劳动者的劳动安全;而在承揽关系中,当事人一方(承揽人)接受另一方(定作方)的要求完成一定的工作,并将工作成果交付定作人,定作人接受工作成果并支付酬金,双方当事人的地位完全平等,不存在管理关系,定作人无权要求承揽人按时上班以及听取其随时发出的指令,承揽人完全以自己的设备、技术劳力等完成工作任务,其可以自行安排工作进程与工作方式,不受定作人的指挥管理,独立完成工作任务。

在本案中,××职业技术学院直属工程公司与 A 公司之间并不存在劳动关系,贾某的运送货物行为以及安装门窗行为均是遵从××职业技术学院直属工程公司的指令,也就是说,真正对贾某承担管理责任的是××职业技术学院直属工程公司,因此,××职业技术学院直属工程公司与贾某之间存在劳动关系。而 A 公司只与××职业技术学院直属工程公司存在买卖关系与承揽关系,该公司向××职业技术学院直属工程公司购买门窗并要求其负责安装完毕,××职业技术学院直属工程公司只需要交付门窗以及将门窗安装完毕的工作成果,在此过程中,其都是根据自己的技术与安排操作的,A 公司只需要接受门窗与工作成果并支付 11 万元的款项便可。因此,A 公司无须对贾某的伤残负责。

2. 职工须有人身损害事实存在

受害者如想追究用人单位的工伤事故责任,则首先要说明其有损害事实存在。工伤事故的损害事实是工伤损害事故赔偿责任存在的事实基础,无损害则无责任。要确定赔偿责任的有无以及责任大小,则首先要确定事故是否造成了损害、造成损害的程度。在这里,有两点需要指明:

(1)事故受害者是用人单位的职工,如果被害人不是用人单位的职工,则其不享有工伤待遇,其可以向侵权人主张侵权责任;

(2)受害职工所遭受的损害是人身损害,如果受害职工所遭受的损害,不是人身损害,则其不可能构成工伤。

3. 职工的人身损害是发生在其履行工作职责的过程中

判别用人单位是否对职工的人身损害承担工伤责任,还应当看该职工遭受的人身损害是否发生在该职工履行工作职责的过程中。如果是,则可能够成工伤事故;如果不是,则不构成。判别职工的人身损害是否发生在其履行工作职责过程中一般可以参照下述标准综合判断。

(1)工作场所。工伤事故一般发生在工作场所,即执行工作任务的场所,但是,职工因工作外出的场合以及上下班途中等也可认定为工作场合,在这些地方发生的劳动者人身伤亡事故,也可以认定为工伤事故。

(2)工作时间。工伤事故一般发生在工作时间之内,但是为了更好地保护劳动者的合法权益,《工伤保险条例》以及相关解释对工作时间作了延伸解释,比如职工因工外出工作时间、上下班途中以及在工作时间前后从事与工作有关的预备性或收尾性工作的时间等，都可以认定为工作时间。

(3)造成工伤的起因。工伤事故一般是因劳动者履行工作职责而引起的。

4. 事故与职工受到的损害之间有因果关系

所谓因果关系是指客观现象之间引起与被引起的关系，对于工伤事故而言，事故与职工受到损害的事实之间存在引起与被引起的关系，事故是职工受到损害的原因，这是构成工伤事故对因果关系要件的条件。

5. 事故不是因职工自身故意引起的

工伤事故责任适用的是无过错责任，换言之，用人单位承担赔偿责任不以用人单位主观上的过错为要件，只要工伤事故发生，不管用人单位是否存在过错，其都应当承担全部的赔偿责任。但是，《工伤保险条例》列举了劳动者故意造成其人身损害的情况下，用人单位不用承担赔偿责任，也就是说，用人单位承担工伤事故赔偿责任的前提是该事故不是受害职工故意行为引起的。如果该事故只是由于受害职工过失行为引起，用人单位仍应当承担工伤事故赔偿责任。

【法律条文链接】

《工伤保险条例》

第一条　为了保障因工作遭受事故伤害或者患职业病的职工获得医疗救治和经济补偿，促进工伤预防和职业康复，分散用人单位的工伤风险，制定本条例。

第二条　中华人民共和国境内的企业、事业单位、社会团体、民办非企业单位、基金会、律师事务所、会计师事务所等组织和有雇工的个体工商户(以下称用人单位)应当依照本条例规定参加工伤保险，为本单位全部职工或者雇工(以下称职工)缴纳工伤保险费。

中华人民共和国境内的企业、事业单位、社会团体、民办非企业单位、基金会、律师事务所、会计师事务所等组织的职工和个体工商户的雇工，均有依照本条例的规定享受工伤保险待遇的权利。

第十四条　职工有下列情形之一的，应当认定为工伤：

(一)在工作时间和工作场所内，因工作原因受到事故伤害的；

(二)工作时间前后在工作场所内，从事与工作有关的预备性或者收尾性工作受到事故伤害的；

(三)在工作时间和工作场所内，因履行工作职责受到暴力等意外伤害的；

(四)患职业病的；

(五)因工外出期间，由于工作原因受到伤害或者发生事故下落不明的；

(六)在上下班途中，受到非本人主要责任的交通事故或者城市轨道交通、客运轮渡、火车事故伤害的；

(七)法律、行政法规规定应当认定为工伤的其他情形。

7.1.2　构成工伤事故的情形

【案件回放】

时间:2012 年 1 月
争议双方:1. 方某
　　　　　2. 北方××大学
关键词:工伤,认定

北方××大学实验室员工方某因不满单位领导对其的严厉批评,遂于上班期间抽烟,并用烟火点燃实验室的物品,使实验室设施燃烧。方某看着越来越旺的火势,心里感到极为害怕,后悔冲动放火,便大声呼救。其他员工也纷纷参与救火,包括该校的另一员工王某和方某本人。由于抢救及时,火势得到了及时控制,损失不大,但在这次救火行动中,方某、王某都被不同程度地烧伤。事后,方某、王某都向学校提出享受工伤待遇的请求,学校认为,火灾是由方某的放火之违法行为引起的,其参与救火是为了补偿自己的过错,学校不应为其的违法行为埋单,对王某的请求则予以答应。遂方某与××大学实验室发生纠纷。

【法律分析】

《工伤保险条例》和其他法律法规对工伤的具体情形进行了列举,为我们认定工伤保险条例提供了更为直观明确的依据。在认定工伤时,我们可以先以这些法律规定的具体情形作为认定依据;在没有明文规定时,再参照工伤事故责任的构成要件进行认定。

《工伤保险条例》第十四条、第十五条、第十六条对工伤事故从三个方面进行了规定:首先列举哪些情形应当认定为工伤,其次列举哪些情形应当视为工伤,最后列举了哪些情形不得认定为工伤或视为工伤。工伤与视同工伤便构成工伤事故责任的基础事实。

《工伤保险条例》第十四条规定:原职工有下列情形之一的,应当认定为工伤。

(一)在工作时间和工作场所内,因工作原因受到事故伤害的;

(二)工作时间前后在工作场所内,从事与工作有关的预备性或者收尾性工作受到事故伤害的;

(三)在工作时间和工作场所内,因履行工作职责受到暴力等意外伤害的;

(四)患职业病的;

(五)因工外出期间,由于工作原因受到伤害或者发生事故下落不明的;

(六)在上下班途中,受到非本人主要责任的交通事故或者城市轨道交通、客运轮渡、火车事故伤害的;

(七)法律、行政法规规定应当认定为工伤的其他情形。

《工伤保险条例》第十五条规定:职工有下列情形之一的,应当视同为工伤的情形。

(一)在工作时间和工作岗位,突发疾病死亡或者在 48 小时之内经抢救无效死亡的;

(二)在抢险救灾等维护国家利益、公共利益活动中受到伤害的;

(三)职工原在军队服役,因战、因公负伤致残,已取得革命伤残军人证,到用人单位后旧伤复发的。

劳动者有第十四条第(一)项、第(二)项情形的,按照本条例的有关规定享受工伤保险待遇；职工有前第十四条（三）项情形的，按照本条例的有关规定享受除一次性伤残补助金以外的工伤保险待遇。

《工伤保险条例》第十六条规定：不得认定为工伤或视为工伤的情形。

（一）故意犯罪的；

（二）醉酒或者吸毒的；

（三）自残或者自杀的。

在本案例中，王某属于应当认定为工伤的情形；而方某则属于不得认定为工伤或视为工伤的情形。据此，王某应当享受工伤待遇，而方某则不应享受工伤待遇。相反，方某还应当承担其因放火行为危害工厂财产、公共安全而面临的民事赔偿与刑事处罚责任。

【法律条文链接】

《工伤保险条例》

第十四条 职工有下列情形之一的，应当认定为工伤：

（一）在工作时间和工作场所内，因工作原因受到事故伤害的；

（二）工作时间前后在工作场所内，从事与工作有关的预备性或者收尾性工作受到事故伤害的；

（三）在工作时间和工作场所内，因履行工作职责受到暴力等意外伤害的；

（四）患职业病的；

（五）因工外出期间，由于工作原因受到伤害或者发生事故下落不明的；

（六）在上下班途中，受到非本人主要责任的交通事故或者城市轨道交通、客运轮渡、火车事故伤害的；

（七）法律、行政法规规定应当认定为工伤的其他情形。

第十五条 职工有下列情形之一的，视同工伤：

（一）在工作时间和工作岗位，突发疾病死亡或者在48小时之内经抢救无效死亡的；

（二）在抢险救灾等维护国家利益、公共利益活动中受到伤害的；

（三）职工原在军队服役，因战、因公负伤致残，已取得革命伤残军人证，到用人单位后旧伤复发的。

职工有前款第（一）项、第（二）项情形的，按照本条例的有关规定享受工伤保险待遇；职工有前款第（三）项情形的，按照本条例的有关规定享受除一次性伤残补助金以外的工伤保险待遇。

第十六条 职工符合本条例第十四条、第十五条的规定，但是有下列情形之一的，不得认定为工伤或者视同工伤：

（一）故意犯罪的；

（二）醉酒或者吸毒的；

（三）自残或者自杀的。

7.1.3　如何进行工伤认定

【案件回放】

时间:2009年7月
争议双方:1.李某
　　　　　2.北方××技术学校
关键词:工伤,认定

2009年7月,在北方××技术学校工作的李某在上班途中不幸被一辆快速行驶的出租车撞伤,事故发生后,李某向其任职的××技术学校要求享受工伤待遇,学校也认为其属于工伤,决定向相关部门申请工伤认定,但却不知向何部门申请认定工伤、如何申请。

【法律分析】

根据《工伤保险条例》以及《工伤认定办法》的规定,申请工伤认定的一般程序如下。

一、工伤认定申请人提起申请

(一)哪些人可以提起工伤认定申请

2011年1月1日施行的新《工伤认定办法》规定,职工发生事故伤害或者按照职业病防治法规定被诊断、鉴定为职业病的,以下主体均享有申请工伤认定的权利:

(1)用人单位;

(2)工伤职工或其直系亲属;

(3)工会组织。

(二)工伤认定申请应当在何时提起

1.用人单位提出工伤认定申请的时间可根据《工伤认定办法》的规定:职工发生事故伤害或者按照职业病防治法规定被诊断、鉴定为职业病,职工所在单位应当自事故伤害发生之日或者被诊断、鉴定为职业病之日起30日内,提出工伤认定申请。用人单位未在规定的期限内提出工伤认定申请的,受伤害职工或者其直系亲属、工会组织在事故伤害发生之日或者被诊断、鉴定为职业病之日起1年内,可以直接按本办法第三条规定提出工伤认定申请。

《工伤认定办法》指出,工伤认定申请应当填写《工伤认定申请表》,并提交劳动合同文本复印件或其他建立劳动关系的有效证明;医疗机构出具的受伤后诊断证明书或者职业病诊断证明书或者职业病诊断鉴定书。

(三)工伤认定申请应当向谁提起

根据《工伤保险条例》的规定,工伤认定的机构是统筹地区的劳动保障行政部门,统筹地区的劳动保障行政部门分为省级和设区的市级。工伤认定申请应当向用人单位所在地设区的市一级劳动保障行政部门提出。

二、工伤认定机构受理申请

工伤认定申请人提供的申请材料完整,属于劳动保障行政部门管辖范围且在受理时效内的,劳动保障行政部门应当受理。劳动保障行政部门受理或者不予受理的,应当书面告知申请人并说明理由。

三、工伤认定决定作出与通知

劳动保障行政部门应当自受理工伤认定申请之日起60日内作出工伤认定决定。认定决定包括工伤或视同工伤的认定决定和不属于工伤或不视同工伤的认定决定。自工伤认定决定作出之日起20个工作日内,劳动保障行政部门应当将该工伤认定决定送达工伤认定申请人以及受伤害职工(或其直系亲属)和用人单位。

四、申请人对工伤认定决定不服的处理

《工伤认定办法》规定,职工或者其直系亲属、用人单位对不予受理决定不服或者对工伤认定决定不服的,可以依法申请行政复议或者提起行政诉讼。在行政复议与行政诉讼中,当事人首先只能选择其一行使,当事人已经提起了行政诉讼并被受理的,在撤诉之前,不得再申请行政复议;当事人申请了行政复议并被受理的,在复议的法定期间或撤回申请之前,不得提起行政诉讼,但是复议决定作出之后,当事人对复议决定不服的,可以在法律规定时限内提起行政诉讼。

本案中,××技术学校应当自李某被出租车撞伤之日起30日内向当地劳动保障行政部门提起工伤认定申请,如果学校对该劳动保障行政部门作出的工伤认定不服,还可以在接到工伤认定书之日起60日内向省级劳动保障行政部门申请行政复议或向人民法院提起行政诉讼。

【法律条文链接】

《工伤认定办法》

第四条 职工发生事故伤害或者按照职业病防治法规定被诊断、鉴定为职业病,所在单位应当自事故伤害发生之日或者被诊断、鉴定为职业病之日起30日内,向统筹地区社会保险行政部门提出工伤认定申请。遇有特殊情况,经报社会保险行政部门同意,申请时限可以适当延长。按照前款规定应当向省级社会保险行政部门提出工伤认定申请的,根据属地原则应当向用人单位所在地设区的市级社会保险行政部门提出。

第五条 用人单位未在规定的时限内提出工伤认定申请的,受伤害职工或者其近亲属、工会组织在事故伤害发生之日或者被诊断、鉴定为职业病之日起1年内,可以直接按照本办法第四条规定提出工伤认定申请。

第六条 提出工伤认定申请应当填写《工伤认定申请表》,并提交下列材料:

(一)劳动、聘用合同文本复印件或者与用人单位存在劳动关系(包括事实劳动关系)、人事关系的其他证明材料;

(二)医疗机构出具的受伤后诊断证明书或者职业病诊断证明书(或者职业病诊断鉴定书)。

第七条 工伤认定申请人提交的申请材料符合要求,属于社会保险行政部门管辖范围且在受理时限内的,社会保险行政部门应当受理。

第八条 社会保险行政部门收到工伤认定申请后,应当在15日内对申请人提交的材料进行审核,材料完整的,作出受理或者不予受理的决定;材料不完整的,应当以书面形式一次性告知申请人需要补正的全部材料。社会保险行政部门收到申请人提交的全部补正材料后,应当在15日内作出受理或者不予受理的决定。

社会保险行政部门决定受理的,应当出具《工伤认定申请受理决定书》;决定不予受理的,应当出具《工伤认定申请不予受理决定书》。

第九条 社会保险行政部门受理工伤认定申请后,可以根据需要对申请人提供的证据进行调查核实。

第十五条 劳动保障行政部门应当自受理工伤认定申请之日起 60 日内作出工伤认定决定。认定决定包括工伤或视同工伤的认定决定和不属于工伤或不视同工伤的认定决定。

第十七条 劳动保障行政部门应当自工伤认定决定作出之日起 20 个工作日内,将工伤认定决定送达工伤认定申请人以及受伤害职工(或其直系亲属)和用人单位,并抄送社会保险经办机构。

工伤认定法律文书的送达按照《民事诉讼法》有关送达的规定执行。

第十九条 职工或者其直系亲属、用人单位对不予受理决定不服或者对工伤认定决定不服的,可以依法申请行政复议或者提起行政诉讼。

第六十条 用人单位依照本条例规定应当参加工伤保险而未参加的,由劳动保障行政部门责令改正;未参加工伤保险期间用人单位职工发生工伤的,由该用人单位按照本条例规定的工伤保险待遇项目和标准支付费用。

第十三条 社会保险行政部门在进行工伤认定时,对申请人提供的符合国家有关规定的职业病诊断证明书或者职业病诊断鉴定书,不再进行调查核实。职业病诊断证明书或者职业病诊断鉴定书不符合国家规定的要求和格式的,社会保险行政部门可以要求出具证据部门重新提供。

第十八条 社会保险行政部门应当自受理工伤认定申请之日起 60 日内作出工伤认定决定,出具《认定工伤决定书》或者《不予认定工伤决定书》。

第二十一条 社会保险行政部门对于事实清楚、权利义务明确的工伤认定申请,应当自受理工伤认定申请之日起 15 日内作出工伤认定决定。

第二十二条 社会保险行政部门应当自工伤认定决定作出之日起 20 日内,将《认定工伤决定书》或者《不予认定工伤决定书》送达受伤害职工(或者其近亲属)和用人单位,并抄送社会保险经办机构。

《认定工伤决定书》和《不予认定工伤决定书》的送达参照民事法律有关送达的规定执行。

7.1.4 工伤认定申请起算时间如何确定

【案件回放】

时间:2008 年 3 月
争议双方:1. 李某
　　　　　2. 南方××职业技术学校
关键词:工伤事故,认定

李某于 2008 年 3 月到南方××职业技术学校从事机械修理工作。2008 年 7 月某日,李某与刘师傅拆一辆起重机的拉杆,用榔头敲打拉杆时铁屑溅入李某右眼中。当时李某只是感到右眼疼痛,视物有点模糊不清,随即停下手中的工作,但并没有特别在意,××职业技术学校也没有及时送李某就医诊治。2008 年 10 月 13 日,李某右眼突然剧烈疼痛,感到视线模糊,10 月 14 日右眼已看不到任何东西,后被诊断为右眼永久性失明。

李某于2008年12月22日向××市区人民法院提起民事诉讼,法院经审理认为李某系因工伤事故受到人身损害,应请求工伤保险赔偿,裁定驳回了李某的起诉。李某遂于2009年9月日向被告××市劳动局提交工伤认定申请。××市劳动局于2009年11月日以原告的工伤认定申请已超过法定的申请时效为由,出具了"不予受理通知书"。李某向法院提起诉讼,要求确认工伤。法院支持了李某的请求。

【法律分析】

按照法律规定,工伤认定的申请应当于事故伤害发生之日30日内由所在单位提出申请,或一年内由工伤职工本人或近亲属、工会组织提出申请,本案中原告发生事故的时间较早,而原告在事故发生两年后才提出工伤认定申请,其申请行为是否超期成为案件的焦点。

实务中,法律的规定"事故伤害发生之日"不应理解为"事故发生之日",事故伤害可能由于病情发作或影响的滞后性,在事故发生后才出现伤害性后果。本案中虽然案件发生时间较早,但是由于事故造成的伤害性后果在2008年10月13日才被确认,因此,在此日期后的一年时间内,李某提出工伤认定申请,都是符合法律规定的期限。

【法律条文链接】

《工伤保险条例》

第十四条 职工有下列情形之一的,应当认定为工伤:

(一)在工作时间和工作场所内,因工作原因受到事故伤害的。前提条件是"工作时间"和"工作场所"是两个必须同时具备的条件,同时还得是"因工作原因"而受到的负伤、致残或者死亡。事故伤害是指职工在劳动过程中发生的人身伤害、急性中毒事故等类似伤害。

(二)工作时间前后在工作场所内,从事与工作有关的预备性或者收尾性工作受到事故伤害的。"工作时间前后"是指非工作时间内,具体讲是开工前或收工后的一段时间,譬如上班时间为9点到12点、14点到18点,但是职工提前在8点30分到岗或者下班后做完收尾工作时间到18点半等情况,均可以认定为"工作时间前后",但是有一点特别重要,其目的必须是从事预备性或收尾性工作,比如为启动机器做准备工作,或者关闭机器后收拾与工作有关的机器、工具等。

(三)在工作时间和工作场所内,因履行工作职责受到暴力等意外伤害的。"工作时间"和"工作场所"必须同时具备,并且必须是在履行本职工作,这里受到的伤害是"非工作原因",是来自本单位或者外界的"暴力、意外等"所致。打比方,有人在职工履行工作职责的时候蓄意对职工进行打击报复,对其人身进行直接攻击,致使职工负伤、致残或者死亡等。

(四)患职业病的。即指企业、事业单位和个体经济组织的劳动者在职业活动中,因接触粉尘、放射性物质和其他有毒、有害物质等因素而引起的疾病。

(五)因工外出期间,由于工作原因受到伤害或者发生事故下落不明。"因工外出期间"含因工出差以及因工临时外出办理业务等,同时必须是在发生事故时正在履行工作职责,即因工作原因外出,受到伤害或者发生事故时下落不明。

(六)职工在合理时间内往返于工作地与配偶、父母、子女居住地的合理路线的上下班途中发生事故的,亦可认定为工伤。受到非本人主要责任的交通事故或者城市轨道交通、客运轮渡、火车事故伤害的。(最高院关于工伤认定的司法解释自2014年9月1日起施行)“上下班途中”指从居住的住所到工作区域之间的必经路途,必要时间所发生的人身伤害事故。受到机动车事故伤害的,还应该增加关于非法驾驶的问题,这种问题一般驾驶二轮摩托车居多,对于非法驾驶(无证驾驶的)的,达到交通肇事程度的,不予认定工伤。

(七)法律、行政法规规定应当认定为工伤的其他情形。

第十五条　职工有下列情形之一的,应当视同为工伤:

(一)在工作时间和工作岗位,突发疾病死亡或者在48小时内经抢救无效死亡的。两个条件须同时具备:“工作时间”和“工作岗位”。“突发疾病死亡”是指:(1)职工突发与工作无关的疾病导致死亡。如果是与工作有关的疾病而导致死亡,应当按照《工伤保险条例》第十四条的规定认定工伤。(2)在工作岗位上突发与工作无关并没有导致立即死亡的疾病,但是在48小时内经抢救无效死亡的,视同为工伤。

(二)在抢险救灾等维护国家利益、公共利益活动中受到伤害的。

(三)职工原在军队服役,因战、因工致残,已取得伤残军人证,到用人单位后旧伤复发的。针对转业军人的保护,军人在战斗中或者在履行职责中负伤致残,依据《革命伤残军人评定伤残等级的条件》之规定,军人伤残对于经有关部门评残,取得伤残军人证的退伍军人,如果在用人单位旧病复发,视同为工伤。这主要考虑到革命军人为国家利益已经付出代价,为切实保障革命军人的利益而作出这样的规定。

第十六条　职工有下列情形之一的,不得认定为工伤或者视同工伤:

(一)因故意犯罪;

(二)醉酒导致伤亡的;

(三)自残或者自杀的。

《工伤认定办法》

第四条　职工发生事故伤害或者按照职业病防治法规定被诊断、鉴定为职业病,所在单位应当自事故伤害发生之日或者被诊断、鉴定为职业病之日起30日内,向统筹地区社会保险行政部门提出工伤认定申请。遇有特殊情况,经报社会保险行政部门同意,申请时限可以适当延长。

按照前款规定应当向省级社会保险行政部门提出工伤认定申请的,根据属地原则应当向用人单位所在地设区的市级社会保险行政部门提出。

7.1.5　享受工伤待遇是否必须先进行工伤认定

【案件回放】

时间:2009年3月

争议双方:1. 邓某

　　　　　2. 南方××大学(后勤供暖公司)

关键词:工伤,认定

邓某系南方××大学后勤供暖公司(以下简称供暖公司)职工。2009年3月6日,邓某在供暖公司作业工作时,突然围墙倒塌,被砸中右腿,后被送往医院进行手术治疗,先后三次住院共177天。位院期间,供暖公司支付了全部医疗费用。2010年3月16日,经××省××市劳动能力鉴定委员会鉴定,邓某为劳动功能障碍八级。邓某提出一次性协商解除劳动合同,供暖公司以资金紧张为由让其通过司法程序解决。邓某向××地方劳动争议仲裁委员会中请仲裁,该委员会裁决,以供暖公司和邓某均未依法提出工伤认定申请,均丧失了在劳动争议仲裁机关寻求救济的权利为由,驳回了邓某要求供暖公司支付工伤待遇的中诉请求。邓某对仲裁裁决不服,于8月2日向地方人民法院提起诉讼,请求解除与供暖公司的劳动合同,判令供暖公司支付其一次性伤残补助金、工伤医疗补助金、伤残就业补助金、住院伙食补助共计33 427元及仲裁费920元。另查明,2009年度××市在岗职工年平均工资为12 287元。供暖公司辩称,发生事故后,邓某未在法定时限内提出工伤认定申请,其要求支付工伤待遇的请求于法无据。

××法院经审理认为,邓某作为供暖公司职工,在工作期间发生事故,导致腿部骨折。虽然两方均未向劳动保障行政部门提出工伤认定申请,但邓某在2010年3月16日已经被××市劳动能力鉴定委员会鉴定为劳动功能障碍八级,供暖公司作为用人单位,应按照《工伤保险条例》给付邓某相关工伤待遇。依照《劳动合同法》第四十二条、第四十六条规定,及《工伤保险条例》第二十九条、第三十五条规定,判决:供暖公司支付邓某工伤待遇款33 427元及仲裁费1 020元。供暖公司不服,向××市中级人民法院提出上诉称,法院无权直接作出工伤认定,更无权在未经工伤认定的情况下确认邓某享受工伤待遇。××市中级人民法院二审认为,邓某应当认定为工伤,供暖公司作为用人单位,应承担相应责任。现已超过工伤认定的期限,如果不按工伤保险相关规定计算赔偿,邓某将失去获得救济的权利和机会。原判由供暖公司支付邓某相应待遇并无不当,判决驳回上诉,维持原判。

【法律分析】

申请工伤认定,对受伤职工来说是权利;对用人单位来说是权利,更是义务。如果用人单位在其职工受伤后不积极履行这项义务,最终导致申请工伤认定超过时限,那么由此引发的后果和责任只能由用人单位承担。

工伤待遇的支付途径有两种:一种情形是在用人单位参加工伤保险统筹为其职工缴纳工伤保险费的情况下,由工伤保险经办机构支付;另一种情形是由用人单位自己支付。由工伤保险经办机构支付工伤待遇的前提,是必须经法定的行政程序认定工伤。

用人单位和工伤职工均未在法定时限内申请工伤认定的情况,与进行行政程序工伤认定的不同后果是,即使用人单位参加了工伤保险统筹为该受伤职工缴纳了工伤保险,一旦由于未经法定程序认定为工伤,使得本来可由工伤保险经办机构从工伤保险基金中支付该受伤职工工伤待遇的途径和程序丧失。但这并不意味着该受伤职工工伤待遇权益的绝对丧失,劳动者享受劳动保护,和因工受伤享受工伤待遇是宪法及劳动法律法规规定的基本权利,是受法律绝对保护的。在工伤职工主张工伤待遇的诉讼请求下,最终只能由用人单位另行赔付受伤职工应当享受工伤待遇的各项费用。

邓某、供暖公司均未在法定时限内提出工伤认定申请,但这只是不再适用工伤认定的行政程序,并不能因此剥夺邓某作为劳动者应当享有和获得工伤赔偿的法定利益。供暖公司作为用人单位仍然负有支付邓某工伤待遇各项费用的法定义务。

【法律条文链接】

《劳动合同法》

第四十二条　劳动者有下列情形之一的，用人单位不得依照本法第四十条、第四十一条的规定解除劳动合同：

（一）从事接触职业病危害作业的劳动者未进行离岗前职业健康检查，或者疑似职业病病人在诊断或者医学观察期间的；

（二）在本单位患职业病或者因工负伤并被确认丧失或者部分丧失劳动能力的；

（三）患病或者非因工负伤，在规定的医疗期内的；

（四）女职工在孕期、产期、哺乳期的；

（五）在本单位连续工作满十五年，且距法定退休年龄不足五年的；

（六）法律、行政法规规定的其他情形。

第四十六条　有下列情形之一的，用人单位应当向劳动者支付经济补偿：

（一）劳动者依照本法第三十八条规定解除劳动合同的；

（二）用人单位依照本法第三十六条规定向劳动者提出解除劳动合同并与劳动者协商一致解除劳动合同的；

（三）用人单位依照本法第四十条规定解除劳动合同的；

（四）用人单位依照本法第四十一条第一款规定解除劳动合同的；

（五）除用人单位维持或者提高劳动合同约定条件续订劳动合同，劳动者不同意续订的情形外，依照本法第四十四条第一项规定终止固定期限劳动合同的；

（六）依照本法第四十四条第四项、第五项规定终止劳动合同的；

（七）法律、行政法规规定的其他情形。

《工伤保险条例》

第二十九条　劳动能力鉴定委员会依照本条例第二十六条和第二十八条的规定进行再次鉴定和复查鉴定的期限，依照本条例第二十五条第二款的规定执行。

第三十七条　职工因工致残被鉴定为七级至十级伤残的，享受以下待遇：

（一）从工伤保险基金按伤残等级支付一次性伤残补助金，标准为：七级伤残为 13 个月的本人工资，八级伤残为 11 个月的本人工资，九级伤残为 9 个月的本人工资，十级伤残为 7 个月的本人工资；

（二）劳动、聘用合同期满终止，或者职工本人提出解除劳动、聘用合同的，由工伤保险基金支付一次性工伤医疗补助金，由用人单位支付一次性伤残就业补助金。一次性工伤医疗补助金和一次性伤残就业补助金的具体标准由省、自治区、直辖市人民政府规定。

7.1.6 在工作场所被打伤是否算工伤

【案件回放】

时间:2009 年 7 月
争议双方:1. 刘某
　　　　　2. ××大学
关键词:工伤,认定

【案件回放】

2009 年 7 月,××大学体训部刘某(退休返聘人员)与员工王某因一笔体育用品报销费用存在意见不合,继而发生争吵。刘某越吵越气,语言越来越粗鲁,而王某更是血气方刚,两人不由分说打了起来,刘某一拳击中王某胸部,令刘某没预料到的是王某马上回击一拳击中刘某左眼,刘某当即左眼流血,视觉暂时丧失。

两天后刘某报案,公安人员对王某做了笔录并予以了相应处罚。一个月后刘某申请了工伤认定,劳动和社会保障部门认为刘某受伤发生在工作时间、工作地点且为履行职责,应认定为工伤。学校不服,向上一级劳动和社会保障部门申请了行政复议,复议决定仍认定刘某为工伤。

刘某后申请劳动能力鉴定,被鉴定为八级伤残。

【法律分析】

判断本案中刘某的情况是否为工伤的依据在于该情形是否为“在工作时间和工作场所内,因履行工作职责受到暴力等意外伤害”。其中,暴力受伤害是指受到暴力伤害与履行工作职责有因果关系。如果所受伤害系个人之间的因素,例如因非工作事由而因私人恩怨被报复伤害,即使是发生在工作场所和时间也不能算做工伤。此外,如果在工作时间和工作场所内无故受到意外伤害,如歹徒行凶,则应算工伤。

本案中,刘某被打的原因是因工作而起,因此,受到伤害被认定为工伤符合法律的本意。

【法律条文链接】

《工伤保险条例》

第十四条　职工有下列情形之一的,应当认定为工伤:

(一)在工作时间和工作场所内,因工作原因受到事故伤害的;

(二)工作时间前后在工作场所内,从事与工作有关的预备性或者收尾性工作受到事故伤害的;

(三)在工作时间和工作场所内,因履行工作职责受到暴力等意外伤害的;

(四)患职业病的;

(五)因工外出期间,由于工作原因受到伤害或者发生事故下落不明的;

（六）在上下班途中，受到非本人主要责任的交通事故或者城市轨道交通、客运轮渡、火车事故伤害的；

（七）法律、行政法规规定应当认定为工伤的其他情形。

7.1.7　下班途中绕道，遇交通事故受伤是否算工伤

【案件回放】

时间：2010 年 10 月 7 日

争议双方：1. 张某

2. 北方 ×× 中职学校

关键词：工伤，认定

北方 ×× 中职学校员工张某在 2010 年 10 月 7 日上午 8 时夜班下班，8:35 左右离开单位途中他到同事王某的家中归还物品，9:00 左右离开，10:11 张某在回途中遭遇车祸。经司法鉴定，张某为脑外伤所致精神障碍，丧失民事行为能力。

2011 年 5 月，当地劳动和社会保障局认定张某在下班途中遭遇车祸，应为工伤。

但是，×× 中职单位不服，认为张某到同事家纯属私事，从同事家到自己住处的路上不应视为下班途中，原告要求撤销上述工伤认定结论。

法院在审理后，维持了劳动和社会保障局关于工伤的认定，驳回了该单位的诉请。

【法律分析】

按照法律规定，上下班时间受到交通事故伤害应当视为工伤。但是本案中焦点在于当事人在下班时间内绕道后受到交通事故伤害的是否应认定为工伤。此案明确表明我国司法对相关事件的态度，即“上下班途中”不应当狭隘地理解为一成不变的固定路线，毕竟现实生活中，某些偶然的因素会影响到当事人上下班路线的选择，只要这种选择是合理的，且总体不影响“上下班”这一主要行为，就应当算做上下班途中。

在本案中，虽然张某临时去同事家归还物品，但是这一行为本身并不影响在下班途中这一主要工伤认定因素，其受到交通事故伤害被认定为工伤，符合对职工利益保护的原则。

【法律条文链接】

《最高人民法院关于审理工伤保险行政案件若干问题的规定》

第六条　对社会保险行政部门认定下列情形为“上下班途中”的，人民法院应予支持：

（一）在合理时间内往返于工作地与住所地、经常居住地、单位宿舍的合理路线的上下班途中；

（二）在合理时间内往返于工作地与配偶、父母、子女居住地的合理路线的上下班途中；

（三）从事属于日常工作生活所需要的活动，且在合理时间和合理路线的上下班途中；

（四）在合理时间内其他合理路线的上下班途中。

《工伤保险条例》

第十四条 职工有下列情形之一的，应当认定为工伤：

（一）在工作时间和工作场所内，因工作原因受到事故伤害的；

（二）工作时间前后在工作场所内，从事与工作有关的预备性或者收尾性工作受到事故伤害的；

（三）在工作时间和工作场所内，因履行工作职责受到暴力等意外伤害的；

（四）患职业病的；

（五）因工外出期间，由于工作原因受到伤害或者发生事故下落不明的；

（六）在上下班途中，受到非本人主要责任的交通事故或者城市轨道交通、客运轮渡、火车事故伤害的；

（七）法律、行政法规规定应当认定为工伤的其他情形。

7.1.8 派遣员工受伤找谁维权

【案件回放】

【案例一】 时间：2013 年 6 月

争议双方：1. 马某

2. 南方 × × 技术学院

关键词：派遣，工伤

2013 年 6 月 3 日，马某到南方 × × 技术学院处报名求职，经 × × 技术学院派遣去某地实业工厂工作。同年 7 月 28 日上午 10 时许，马某在工作时受伤。2013 年 11 月，马某以 × × 技术学院作为用人单位向劳动与社会保障局申请要求认定工伤未果，随后，马某又以 × × 技术学院作为用人单位申请确认劳动关系。2013 年 12 月 20 日，仲裁委裁决确认马某与 × × 技术学院存在劳动关系。× × 技术学院认为仲裁委裁决不当，以马某及实业工厂为被告诉至当地法院，请求确认其与马某不存在劳动关系。

法院审理认为，根据马某提供的证据，可以看出马某是 × × 技术学院派遣到工厂工作时受伤，故 × × 技术学院诉称自己仅是中介组织、与马某不存在劳动关系的请求，法院不予采信。遂判决确认被告马某与原告 × × 技术学院存在劳动关系，在为被告 × × 技术学院工作时受伤。

【案例二】 时间：2014 年 3 月

争议双方：1. 王某

2. 南方 × × 人力资源服务公司

关键词：派遣，工伤

2014 年王某与 × × 人力资源服务有限责任公司形成劳动关系，后被派遣到 × × 大学从事辅助清洁工作，该人力资源服务有限责任公司未为王某办理社会保险手续。2014 年 3 月 12 日下午，王某在单位上班时被脚手架砸伤股骨上段，造成右股骨上段粉碎性骨折，劳动与社会保障局做出工伤认定，后经鉴定为八级伤残。王某为工伤赔偿问题，申请仲裁委仲裁，仲裁委作出裁决。后王某认为仲裁裁决不当,工资标准应以两被告间的劳务合同中约定的标准计算,而不应以其与人力资源服务有限责任公司的合同约定标准计算,向当地法院提起诉讼,要求解除其与被告某人力资源服务有限责任公司的劳动合同,人力资源服务有限责任公司支付就业补助金、医疗补助金等费用共计173 193.3元,被告××大学对上述赔偿承担连带责任。

法院经审理认为,原告王某提供了两被告间的劳务合同,在该合同中,两被告约定的系劳务费用,其中含有人员工资、保险费、劳动保护费、管理费等费用,而并非系单纯的被派遣人员的工资,故原告的日工资仍应以其与人力资源服务有限责任公司的劳动合同来认定。

【法律分析】

在劳务派遣合同履行中容易产生一些问题,如合同约定不明确或者违反法律规定、接受单位不按时向派遣单位支付劳务费、接受单位直接指挥劳动者加班而不支付加班工资、劳动者在劳动中遭受人身伤害等。虽然在发生纠纷的情况下,劳动者只能认定与派遣单位存在劳动关系,但是由于派遣单位有时候不规范,责任承担能力弱,为充分保护劳动者权利,《最高人民法院关于审理劳动争议案件适用法律若干问题的解释(二)》中规定,劳动者因履行劳动力派遣合同产生劳动争议而起诉,以派遣单位为被告;争议内容涉及接受单位的,以派遣单位和接受单位为共同被告。因此,劳动者如在工作中受到伤害,依法认定为工伤,可以以派遣单位和接受单位为共同被告。如接受单位未依法履行劳动者的劳动保护义务,则应与派遣单位承担连带赔偿责任。

【法律条文链接】

《工伤保险条例》

第四十一条 第三款规定:职工被借调期间受到工伤事故伤害的,由原用人单位承担工伤保险责任,但原用人单位与借调单位可以约定补偿办法。

《最高人民法院关于审理劳动争议案件适用法律若干问题的解释(二)》

第十条 劳动者因履行劳动力派遣合同产生劳动争议而起诉,以派遣单位为被告;争议内容涉及接受单位的,以派遣单位和接受单位为共同被告。

7.1.9 退休人员工伤认定

【案件回放】

时间:2008年9月
争议双方:1. 贾先生
　　　　　2. 南方××学院
关键词:退休,工伤

贾先生退休后受聘为南方××学院的会计,后因在为学院办理报税的途中遭遇车祸,造成伤残,贾先生为退休人员,这次受伤到底算工伤还是民事侵权?××学院和贾先生的家属各说各理。贾先生的家属认为属于工伤,××学院却认为,贾先生是××学院聘用的已退休人员，× ×学院承认贾先生确实在工作中发生事故导致伤残，但× ×学院与贾先生没有劳动合同，不存在劳动关系，双方只存在民事劳务关系，因此不符合申请工伤认定的条件，贾先生可向车主和驾驶员提出民事损害赔偿请求，但不应通过工伤认定途径解决。因此，× ×学院未按有关规定在30日内向劳动局提出工伤认定申请。

2008年9月，贾先生直接向劳动局申请工伤认定。2008年12月，劳动局经调查核实，于2009年1月作出工伤认定结论，认定贾先生的受伤属于工伤。

× ×学院对劳动局认定其与贾先生存在劳动关系并认定工伤的决定不服，遂向当地政府申请行政复议。当地政府经审查，作出了维持劳动局关于贾先生的工伤认定的裁决。学院又转而向当地区人民法院提起诉讼，要求撤销关于贾先生的工伤认定。

区法院认为，贾先生是× ×学院雇用的退休人员的事实，既有劳动局出示的工作人员胸卡、会议通知、工资存单等证据予以证实，又有贾先生本人的陈述相印证，同时，× ×学院对此亦不曾否认，故认为贾先生与× ×学院之间已形成了特殊劳动关系，且无论贾先生提出民事损害赔偿与否，均不妨碍劳动局依其申请做出工伤认定的具体行政行为。

最终，法院认为区劳动局具有做出工伤认定结论的法定职权，被诉工伤认定结论认定事实清楚，行政程序合法，适用法律正确，依法应予维持。

【法律分析】

法律并没有明确将已满退休年龄的人员排除出劳动者的范畴，只限定最低的工作年龄而没有限定最高工作年龄，且已满退休年龄的人员与其他适龄的劳动者一样，在提供劳动方面并没有任何差异。从现有规定来看，对于已达到退休年龄的人员，其应享受的工资、岗位、劳动保护等方面并没有任何差别，赋予其劳动者的身份更有利于保护其合法权益，有利于其获得社会保障。根据《劳动合同法》第四十四条第（二）项规定，把劳动者开始依法享受基本养老保险待遇作为劳动合同终止的情形之一，换而言之，即使劳动者已经到达退休年龄，但未能享受基本养老保险待遇的，双方的劳动合同并不终止而是继续履行劳动合同直至出现其他终止情形，因此，雇佣超过退休年龄的劳动者不仅有法律依据，也是用人单位必须承担的义务。反之，依据《劳动合同法》第四十四条规定，对于已经享受退休待遇或基本养老保险待遇的劳动者，劳动合同终止，员工应退出劳动者的行列，如用人单位再次聘用，则双方形成的法律关系不是劳动关系而是劳务关系。

按照上述原则，用人单位在聘用已达退休年龄的员工时，应当向其了解是否已享受基本养老保险待遇或领取退休金，如果是，应要求其提供相应证明，对于已享受基本养老保险待遇或领取退休金的员工，应签订劳务合同，对于未享受基本养老保险待遇或领取退休金的员工，则应签订劳动合同。

《中华人民共和国劳动合同法实施条例》（以下简称《实施案例》）第二十一条规定：“劳动者达到法定退休年龄的，劳动合同终止。”这条规定语意不详，存在有许多问题：首先，这样的规定明显与《劳动合同法》第四十四条规定相抵触，《劳动合同法》第四十四条第（二）项规定，劳动者开始依法享受基本养老保险待遇的，劳动合同终止，而达到退休年龄和开始依法享受基本养老保险待遇显然并不相同。《实施条例》作为下位法，显然不能与作为上位法的《劳动合同法》相抵触；其次，如果劳动者到达退休年龄后没有终止劳动合同而是继续用工，劳动关系如何认定的问题没有明确；第三，如果用人单位招用时劳动者已经超过退休年龄了，法律关系如何确定、如何处理，法律界人士普遍认为退休人员与聘用单位之间形成的是一种特殊劳动关系，虽不能直接适用《劳动合同法》，但可以参照《劳动合同法》的相关规定执行，故发生因工负伤的可按照工伤保险或参照工伤保险处理。

【法律条文链接】

《劳动和社会保障部办公厅关于企业职工“法定退休年龄”涵义的复函》

劳社厅函〔2001〕125 号

国家法定的企业职工退休年龄，是指国家法律规定的正常退休年龄，即男年满 60 周岁，女工人年满 50 周岁，女干部年满 55 周岁。该规定为法律的强制性规定，不允许更改或违反。

《劳动合同法》

第四十四条　有下列情形之一的，劳动合同终止：

（一）劳动合同期满的；

（二）劳动者开始依法享受基本养老保险待遇的；

（三）劳动者死亡，或者被人民法院宣告死亡或者宣告失踪的；

（四）用人单位被依法宣告破产的；

（五）用人单位被吊销营业执照、责令关闭、撤销或者用人单位决定提前解散的；

（六）法律、行政法规规定的其他情形。

《劳动合同法实施条例》

第二十一条　劳动者达到法定退休年龄的，劳动合同终止。

第二十三条　用人单位依法终止工伤职工的劳动合同的，除依照劳动合同法第四十七条的规定支付经济补偿外，还应当依照国家有关工伤保险的规定支付一次性工伤医疗补助金和伤残就业补助金。

《最高人民法院关于审理劳动争议案件适用法律若干问题的解释（三）》

第七条　用人单位与其招用的已经依法享受养老保险待遇或领取退休金的人员发生用工争议，向人民法院提起诉讼的，人民法院应当按劳务关系处理。

7.2　赔偿项目与标准

7.2.1　伤残员工的赔偿项目与标准

【案件回放】

时间：2009 年 4 月

争议双方：1. 庞某

　　　　　2. 南方 × × 大学

关键词：工伤，赔付

庞某为了摆脱老家贫穷落后的状况,2008 年 6 月大学毕业后,只身一人来到××市找工作。不久,他在南方××大学找了一份工作,做了一名学校职工。由于人勤快,一个月也能挣 2 500 元。一年下来,他便积攒了 20 000 元,远比他在老家赚得多。然而不幸的事情发生了。2009 年 4 月,庞某下班时,从外楼楼梯下楼,不料一脚踏空,不慎从五楼上摔下来,导致重伤。事故发生后,学校便将其送往医院治疗,共花去医疗费 92 100 元。同时,××大学向当地劳动保障部门申请了工伤认定,××市劳动保障行政部门认定为工伤,并将结果送达给××大学与庞某。庞某随后便向××市劳动能力鉴定委员会申请伤残鉴定,该委员会作出了伤残四级的认定,并且生活部分不能自理,××大学与庞某对该伤残鉴定均无异议。庞某自发生事故至定残之日止共为治疗停工六个月。另外,××市 2008 年度职工月平均工资为 2 890 元。庞某便向××大学请求享受工伤待遇,请求退出工作岗位,保留劳动关系,由××大学每月发放伤残津贴、生活护理费以及一次性伤残补助金 93 000 元以及停工损失 17 000 元等。××大学则认为,其已为庞某缴纳了社会保险,理应由工伤保险基金支付庞某相关待遇,其只同意报销住院伙食补助费、交通费、护理费等费用。双方为此发生纠纷。

【法律分析】

根据《工伤保险条例》以及相关法律、法规的规定,劳动者因工致残的赔偿项目、标准以及待遇支付人如下:

一、工伤医疗待遇

(一)享受对象

遭受工伤的所有职工。

(二)待遇支付人

工伤保险基金支付部分:治疗费、挂号费、药费、住院费用、康复费用以及医疗辅助用具费用等。

用人单位支付部分:住院伙食补助费、交通费、护理费、到外地就医的食宿费等。

(三)支付标准

依据《工伤保险条例》规定,职工住院治疗工伤的,由所在单位按照本单位因公出差伙食补助标准的 70% 发给住院伙食补助费;经医疗机构出具证明,报经办机构同意,工伤职工到统筹地区以外就医的,所需交通、食宿费用由所在单位按照本单位职工因公出差标准报销。

要注意的是,根据《工伤保险条例》的规定,在非紧急情况下,工伤职工应在与所在单位签订医疗服务协议的医院就诊,并且所支出的费用必须符合工伤医疗保险诊疗项目目录、工伤保险药品目录、工伤保险住院服务标准等规定,这些规定在定点的医院以及社保基金管理中心都能获取。在非紧急情况下,工伤职工超出工伤范围发生的医疗费用是不能获得工伤保险基金赔偿的。

二、停工留薪期[①]待遇

(一)享受对象

遭受工伤的所有职工。

---

① 停工留薪期是《工伤保险条例》规定的一个概念,企业职工因工负伤或者患职业病需要停止工作接受治疗的,实行停工留薪期。停工留薪期是指工伤职工负伤或者患职业病停止工作接受治疗,继续享受原工资福利的期限。

（二）待遇支付人

用人单位支付：工伤职工停工留薪治疗工伤期间的原工资福利待遇。

（三）支付标准

根据《工伤保险条例》第三十一条的规定，职工因工作遭受事故伤害或者患职业病需要暂停工作接受工伤医疗的，在停工留薪期内，原工资福利待遇不变，由所在单位按月支付。

停工留薪期一般不超过 12 个月。伤情严重或者情况特殊，经设区的市级劳动能力鉴定委员会确认，可以适当延长，但延长不得超过 12 个月。工伤职工评定伤残等级后，停发原待遇，按照本章的有关规定享受伤残待遇。工伤职工在停工留薪期满后仍需治疗的，继续享受工伤医疗待遇。

三、生活护理费

（一）享受对象：遭受工伤的所有职工

（二）待遇支付人

工伤保险基金支付：生活护理费。

（三）支付标准

《工伤保险条例》第三十二条规定，工伤职工已经评定伤残等级并经劳动能力鉴定委员会确认需要生活护理的，从工伤保险基金按月支付生活护理费；生活护理费按照生活完全不能自理、生活大部分不能自理或者生活部分不能自理三个不同等级支付，其标准分别为统筹地区上年度职工月平均工资的 50%，40% 或者 30%。

据此，生活护理费的计算标准公式为

（1）生活完全不能自理的护理费赔偿金额的计算：

护理费赔偿金额 = 统筹地区上年度职工月平均工资（元/月）×50%

（2）生活大部分不能自理的护理费赔偿金额的计算：

护理费赔偿金额 = 统筹地区上年度职工月平均工资（元/月）×40%

（3）生活部分不能自理的护理费赔偿金额的计算：

护理费赔偿金额 = 统筹地区上年度职工月平均工资（元/月）×30%

其中，统筹地区一般是指直辖市或设区的市这一范围。

四、一次性伤残补助金

（一）享受对象

因工致残被鉴定为一级到十级的职工。

（二）待遇支付人

工伤保险基金支付：一次性伤残补助金。

（三）支付标准

（1）向因工致残被鉴定为一级至四级伤残职工支付一次性伤残补助金的标准：一级伤残为 27 个月的本人工资，二级伤残为 25 个月的本人工资，三级伤残为 23 个月的本人工资，四级伤残为 21 个月的本人工资。

（2）向因工致残被鉴定为五级至六级伤残职工支付一次性伤残补助金的标准：五级伤残为 18 个月的本人工资，六级伤残为 16 个月的本人工资。

（3）向因工致残被鉴定为七级至十级伤残职工支付一次性伤残补助金的标准：七级伤残为 13 个月的本人工资，八级伤残为 11 个月的本人工资，九级伤残为 9 个月的本人工资，十级伤残为 7 个月的本人工资。

上述本人工资,是指工伤职工因工作遭受事故伤害或者患职业病前12个月的平均工资。本人工资高于统筹地区职工平均工资300%的,按统筹地区职工平均工资的300%计算;本人工资低于统筹地区职工平均工资60%的,按照统筹地区职工平均工资的60%计算。

五、伤残津贴

(一)享受对象

根据《工伤保险条例》的规定,享受伤残津贴待遇的对象有两类:

(1)工伤职工因工致残被鉴定为一至四级伤残;

(2)工伤职工因工致残被鉴定为五至六级伤残,本应由用人单位安排工作但难以安排的。

(二)待遇支付人

工伤保险基金支付:一至四级伤残职工的伤残津贴。

用人单位支付:五至六级伤残职工的伤残津贴。

(三)支付标准

根据《工伤保险条例》,向一至六级伤残职工按月支付伤残津贴赔偿金的计算公式可概括为

一级伤残津贴赔偿金额 = 本人工资(元/月)×90%

二级伤残津贴赔偿金额 = 本人工资(元/月)×85%

三级伤残津贴赔偿金额 = 本人工资(元/月)×80%

四级伤残津贴赔偿金额 = 本人工资(元/月)×75%

五级伤残津贴赔偿金额 = 本人工资(元/月)×70%

六级伤残津贴赔偿金额 = 本人工资(元/月)×60%

但需要注意的是,如果伤残津贴实际金额低于当地最低工资标准的,应由工伤保险基金或用人单位补足差额。另外,工伤职工达到退休年龄并办理退休手续后,停发伤残津贴,享受基本养老保险待遇。基本养老保险待遇低于伤残津贴的,由工伤保险基金补足差额。

六、一次性工伤医疗补助金和伤残就业补助金

(一)享受对象

根据《工伤保险条例》的规定,享受一次性工伤医疗补助金和伤残就业补助金待遇的对象有两类:

(1)在五至六级伤残职工自愿提出与用人单位解除或终止劳动关系的;

(2)工伤职工因工致残鉴定为七至十级伤残,劳动合同期满或者职工本人提出解除劳动合同的。

(二)待遇支付人

用人单位支付:一次性工伤医疗补助金和伤残就业补助金。

(三)支付标准

一次性工伤医疗补助金和伤残就业补助金的具体标准由各省、自治区、直辖市人民政府规定。例如,2004年2月1日实施的《工伤保险条例》第二十九条就规定了一次性工伤医疗补助金与伤残就业补助金的支付标准。一次性工伤医疗补助金的发放标准为:以职工本人工资为计算基数,五级计发十个月,六级计发八个月,七级计发六个月,八级计发四个月,九级计发二个月,十级计发一个月。一次性伤残就业补助金的发放标准为:以职工本人工资为计算基数,五级计发五十个月,六级计发四十个月,七级计发二十五个月,八级计发十

五个月，九级计发八个月，十级计发四个月。

因此，在本案中，庞某的工伤待遇如下：

（1）由工伤保险基金报销治疗费、挂号费、药费、住院费用等共计 94 000 元，同时应当由××大学支付住院伙食补助费、交通费、护理费。

（2）由××大学支付因治疗而停工六个月的损失共计 18 000 元。

计算公式：3 000 × 6 = 18 000

（3）由工伤保险基金按月支付生活护理费，月护理费标准 867 元。

计算公式：2 890 × 30% = 867

（4）由工伤保险基金支付一次性伤残补助金 54 000 元。

计算公式：3 000 × 18 = 54 000

（5）由工伤保险基金按月支付伤残津贴 2 250 元。

计算公式：3 000 × 75% = 2 250

该伤残津贴应支付至庞某退休时止。

工伤待遇各级对应表如表 7 – 1 所示。

表 7 – 1　工伤待遇各级对应表

	一次性工亡补助金	一次性伤残补助金	一次性伤残就业补助金	一次性工伤医疗补助金
因公死亡	全国城镇居民可支配收入 20 倍			
一级伤残		27 个月（应当）		
二级伤残		25 个月（应当）		
三级伤残		23 个月（应当）		
四级伤残		21 个月（应当）		
五级伤残		18 个月	16 个月（解除）	30 个月（解除）
六级伤残		16 个月	14 个月（解除）	25 个月（解除）
七级伤残		13 个月	12 个月（解除）	20 个月（解除）
八级伤残		11 个月	10 个月（解除）	15 个月（解除）
九级伤残		9 个月	8 个月（解除）	10 个月（解除）
十级伤残		7 个月	6 个月（解除）	5 个月（解除）

注：（应当）表示用人单位在劳动者鉴定工伤后相应等级必须要支付的补助金；
（解除）表示劳动者只有与用人单位解除或终止劳动合同才能得到的补助金。

五至六级伤残职工，从工伤保险基金按伤残等级支付一次性伤残补助金，保留与用人单位的劳动关系，由用人单位安排适当工作。

经工伤职工本人提出，该职工可以与用人单位解除或者终止劳动关系，由工伤保险基金支付一次性工伤医疗补助金，由用人单位支付一次性伤残就业补助金。一次性工伤医疗补助金和一次性伤残就业补助金的具体标准由省、自治区、直辖市人民政府规定。

七至十级伤残职工劳动合同期终止或者合同期内，由用人单位支付一次性工伤医疗补助金和伤残就业补助金。

劳动、聘用合同期满终止，或者职工本人提出解除劳动、聘用合同的，由工伤保险基金支付一次性工伤医疗补助金，由用人单位支付一次性伤残就业补助金。一次性工伤医疗补助金和一次性伤残就业补助金的具体标准由省、自治区、直辖市人民政府规定。

伤残职工距法定退休年龄不足5年的，一次性工伤医疗补助金和伤残就业补助金按每减少一年递减20%的标准支付，距法定退休年龄不足一年均按全额的10%支付。

工伤职工达到退休年龄或者办理退休手续的，不享受一次性工伤医疗补助金和伤残就业补助金。

【法律链接】

《工伤保险条例》

第三十条 职工因工作遭受事故伤害或者患职业病进行治疗，享受工伤医疗待遇。职工治疗工伤应当在签订服务协议的医疗机构就医，情况紧急时可以先到就近的医疗机构急救。

治疗工伤所需费用符合工伤保险诊疗项目目录、工伤保险药品目录、工伤保险住院服务标准的，从工伤保险基金支付。工伤保险诊疗项目目录、工伤保险药品目录、工伤保险住院服务标准，由国务院社会保险行政部门会同国务院卫生行政部门、食品药品监督管理部门等部门规定。

职工住院治疗工伤的伙食补助费，以及经医疗机构出具证明，报经办机构同意，工伤职工到统筹地区以外就医所需的交通、食宿费用从工伤保险基金支付，基金支付的具体标准由统筹地区人民政府规定。

工伤职工治疗非工伤引发的疾病，不享受工伤医疗待遇，按照基本医疗保险办法处理。

工伤职工到签订服务协议的医疗机构进行工伤康复的费用，符合规定的，从工伤保险基金支付。

第三十一条 社会保险行政部门作出认定为工伤的决定后发生行政复议、行政诉讼的，行政复议和行政诉讼期间不停止支付工伤职工治疗工伤的医疗费用。

第三十二条 工伤职工因日常生活或者就业需要，经劳动能力鉴定委员会确认，可以安装假肢、矫形器、假眼、假牙和配置轮椅等辅助器具，所需费用按照国家规定的标准从工伤保险基金支付。

第三十三条 职工因工作遭受事故伤害或者患职业病需要暂停工作接受工伤医疗的，在停工留薪期内，原工资福利待遇不变，由所在单位按月支付。

停工留薪期一般不超过12个月。伤情严重或者情况特殊，经设区的市级劳动能力鉴定委员会确认，可以适当延长，但延长不得超过12个月。工伤职工评定伤残等级后，停发原待遇，按照本章的有关规定享受伤残待遇。工伤职工在停工留薪期满后仍需治疗的，继续享受工伤医疗待遇。

生活不能自理的工伤职工在停工留薪期需要护理的，由所在单位负责。

第三十四条 工伤职工已经评定伤残等级并经劳动能力鉴定委员会确认需要生活护理的，从工伤保险基金按月支付生活护理费。

生活护理费按照生活完全不能自理、生活大部分不能自理或者生活部分不能自理3个不同等级支付,其标准分别为统筹地区上年度职工月平均工资的 50%,40%或者 30%。

第三十五条 职工因工致残被鉴定为一级至四级伤残的,保留劳动关系,退出工作岗位,享受以下待遇。

(一)从工伤保险基金按伤残等级支付一次性伤残补助金,标准为:一级伤残为 27 个月的本人工资,二级伤残为 25 个月的本人工资,三级伤残为 23 个月的本人工资,四级伤残为 21 个月的本人工资。

(二)从工伤保险基金按月支付伤残津贴,标准为:一级伤残为本人工资的 90%,二级伤残为本人工资的 85%,三级伤残为本人工资的 80%,四级伤残为本人工资的 75%。伤残津贴实际金额低于当地最低工资标准的,由工伤保险基金补足差额。

(三)工伤职工达到退休年龄并办理退休手续后,停发伤残津贴,按照国家有关规定享受基本养老保险待遇。基本养老保险待遇低于伤残津贴的,由工伤保险基金补足差额。

职工因工致残被鉴定为一级至四级伤残的,由用人单位和职工个人以伤残津贴为基数,缴纳基本医疗保险费。

第三十六条 职工因工致残被鉴定为五级、六级伤残的,享受以下待遇:

(一)从工伤保险基金按伤残等级支付一次性伤残补助金,标准为:五级伤残为 18 个月的本人工资,六级伤残为 16 个月的本人工资。

(二)保留与用人单位的劳动关系,由用人单位安排适当工作。难以安排工作的,由用人单位按月发给伤残津贴,标准为:五级伤残为本人工资的 70%,六级伤残为本人工资的 60%,并由用人单位按照规定为其缴纳应缴纳的各项社会保险费。伤残津贴实际金额低于当地最低工资标准的,由用人单位补足差额。

经工伤职工本人提出,该职工可以与用人单位解除或者终止劳动关系,由工伤保险基金支付一次性工伤医疗补助金,由用人单位支付一次性伤残就业补助金。一次性工伤医疗补助金和一次性伤残就业补助金的具体标准由省、自治区、直辖市人民政府规定。

第三十七条 职工因工致残被鉴定为七级至十级伤残的,享受以下待遇:

(一)从工伤保险基金按伤残等级支付一次性伤残补助金,标准为:七级伤残为 13 个月的本人工资,八级伤残为 11 个月的本人工资,九级伤残为 9 个月的本人工资,十级伤残为 7 个月的本人工资;

(二)劳动、聘用合同期满终止,或者职工本人提出解除劳动、聘用合同的,由工伤保险基金支付一次性工伤医疗补助金,由用人单位支付一次性伤残就业补助金。一次性工伤医疗补助金和一次性伤残就业补助金的具体标准由省、自治区、直辖市人民政府规定。

第三十八条 工伤职工工伤复发,确认需要治疗的,享受本条例第三十条、第三十二条和第三十三条规定的工伤待遇。

第三十九条 职工因工死亡,其近亲属按照下列规定从工伤保险基金领取丧葬补助金、供养亲属抚恤金和一次性工亡补助金:

(一)丧葬补助金为 6 个月的统筹地区上年度职工月平均工资。

(二)供养亲属抚恤金按照职工本人工资的一定比例发给由因工死亡职工生前提供主要生活来源、无劳动能力的亲属。标准为:配偶每月 40%,其他亲属每人每月 30%,孤寡老人或者孤儿每人每月在上述标准的基础上增加 10%。核定的各供养亲属的抚恤金之和不应高于因工死亡职工生前的工资。供养亲属的具体范围由国务院社会保险行政部门规定。

(三)一次性工亡补助金标准为上一年度全国城镇居民人均可支配收入(2010 年全国

城镇居民人均年可支配收入为19 109元)的20倍。

伤残职工在停工留薪期内因工伤导致死亡的,其近亲属享受本条第一款规定的待遇。

一级至四级伤残职工在停工留薪期满后死亡的,其近亲属可以享受本条第一款第(一)项、第(二)项规定的待遇。

第四十条 伤残津贴、供养亲属抚恤金、生活护理费由统筹地区社会保险行政部门根据职工平均工资和生活费用变化等情况适时调整。调整办法由省、自治区、直辖市人民政府规定。

第四十一条 职工因工外出期间发生事故或者在抢险救灾中下落不明的,从事故发生当月起3个月内照发工资,从第4个月起停发工资,由工伤保险基金向其供养亲属按月支付供养亲属抚恤金。生活有困难的,可以预支一次性工亡补助金的50%。职工被人民法院宣告死亡的,按照本条例第三十九条职工因工死亡的规定处理。

第四十二条 工伤职工有下列情形之一的,停止享受工伤保险待遇:

(一)丧失享受待遇条件的;

(二)拒不接受劳动能力鉴定的;

(三)拒绝治疗的。

7.2.2 因工死亡的赔偿项目与标准

【案件回放】

时间:2008年12月

争议双方:1. 王女士

2. 北方××大学

关键词:因公死亡,赔付标准

【案件回放】

2008年12月,22岁的王女士在北方××大学食堂找到了当厨师的工作。学校与她签订了一年的劳动合同,每月工资2 800元,并为王女士缴纳了社会保险。2009年4月,王女士在上班时不料煤气罐突然发生爆炸,导致王女士被炸成重伤。单位便将王女士送往附近医院抢救,可就在前往医院的路途上,王女士便死亡了。王女士父母均健在,虽只有50多岁,但无生活技能,由女儿提供吃住,王女士还有一位姐姐。王女士的父母闻知噩耗后,便立即从老家赶到××大学,料理女儿的后事,为此,王女士父母共花费交通费、丧葬费等22 000元。王女士父母要求学校依法支付丧葬费用、处理后事交通费用、死亡赔偿金、精神损害抚慰金等共计450 000多元人民币。学校则认为,王女士的死亡已经由当地劳动保障行政部门认定为工伤,且学校已经为王女士缴纳了工伤保险,其相关工伤待遇应当由工伤保险基金部门赔偿项目,遂对王女士父母的请求予不同意。双方为此发生纠纷。

【法律分析】

《工伤保险条例》及相关法律规定,劳动者死亡时其直系亲属可以要求领取工伤保险基金为:

（一）丧葬补助金

丧葬补助金赔偿金额＝统筹地区上年度职工平均工资（元/月）×6

（二）供养亲属抚恤金

配偶抚恤金额＝工伤职工本人工资（元/月）×40%

其他亲属抚恤金额＝工伤职工本人工资（元/月）×30%

另外，孤寡老人或者孤儿每人每月可以在上述标准的基础上增加10%。

在这里需要注意的是，核定的各供养亲属的抚恤金之和不应高于因工死亡职工生前的工资。

（三）一次性工亡补助金

一次性工亡补助金标准为48个月至60个月的统筹地区上年度职工月平均工资。具体标准由统筹地区的人民政府根据当地经济、社会发展状况规定，报省、自治区、直辖市人民政府备案。

这里需要注意的是，伤残职工如果是在停工留薪期间内因工伤导致死亡的，其直系亲属享受上述全部待遇；但是一至四级伤残职工如果在停工留薪期满后死亡的，其直系亲属可以享受丧葬补助金以及供养亲属抚恤金的待遇，但不享有一次性工亡补助金。

根据以上来分析本案，由于学校已经为王女士购买了工伤保险，故王女士父母因王女士工亡而得到的赔偿应当由工伤保险基金支付，其相应的赔偿项目与数额如下。

1. 丧葬补助金

丧葬补助金＝统筹地区上年度职工平均工资（元/月）×6

2. 供养亲属抚恤金

配偶抚恤金额＝工伤职工王女士工资（元/月）×40%

其他亲属抚恤金额＝工伤职工王女士工资（元/月）×30%

3. 一次性工亡补助金

一次性工亡补助金＝王女士所在统筹地区上年度职工月平均工资×（48～60个月）

因此，学校的说法是有法律依据的。王女士父母对女儿的死亡而带来的精神损害，可以通过民事侵权形式请求赔偿，即可对煤气罐的销售商或厂家提起侵权之诉，要求其承担民事侵权责任，如果提起民事侵权之诉，则销售商或厂家不但要支付精神损害抚慰金，还要支付抚养费、死亡补偿金等费用。

【法律条文链接】

《工伤保险条例》

第三十九条　职工因工死亡，其近亲属按照下列规定从工伤保险基金领取丧葬补助金、供养亲属抚恤金和一次性工亡补助金。

（一）丧葬补助金为6个月的统筹地区上年度职工月平均工资。

（二）供养亲属抚恤金按照职工本人工资的一定比例发给由因工死亡职工生前提供主要生活来源、无劳动能力的亲属。标准为：配偶每月40%，其他亲属每人每月30%，孤寡老人或者孤儿每人每月在上述标准的基础上增加10%。核定的各供养亲属的抚恤金之和不应高于因工死亡职工生前的工资。供养亲属的具体范围由国务院社会保险行政部门规定；

（三）一次性工亡补助金标准为上一年度全国城镇居民人均可支配收入（2010 年全国城镇居民人均年可支配收入为 19 109 元）的 20 倍。

伤残职工在停工留薪期内因工伤导致死亡的，其近亲属享受本条第一款规定的待遇。

一级至四级伤残职工在停工留薪期满后死亡的，其近亲属可以享受本条第一款第（一）项、第（二）项规定的待遇。

第四十条 伤残津贴、供养亲属抚恤金、生活护理费由统筹地区社会保险行政部门根据职工平均工资和生活费用变化等情况适时调整。调整办法由省、自治区、直辖市人民政府规定。

第四十一条 职工因工外出期间发生事故或者在抢险救灾中下落不明的，从事故发生当月起 3 个月内照发工资，从第 4 个月起停发工资，由工伤保险基金向其供养亲属按月支付供养亲属抚恤金。生活有困难的，可以预支一次性工亡补助金的 50%。职工被人民法院宣告死亡的，按照本条例第三十九条职工因工死亡的规定处理。

第 8 章　劳务派遣的风险与防范

8.1　劳务派遣工聘用与派遣的风险与防范

8.1.1　单位签集体合同，不使用劳务派遣工

【案件回放】

时间:2013 年 2 月 26 日
双方:1. 劳务派遣工
　　　2. ××大学后勤集团
关键词:集体合同，福利

2013 年 2 月 26 日，某地区××大学后勤集团与多名员工签订“集体”合同。与员工签订的合同第八条明确规定:“单位建立工资集体协商制度。根据单位项目利润状况及行业工资调查结果，每年 3 月与工会通过平等协商确定该年度平均工资增幅，并签订工资专项协议”，保障员工共享单位发展效益。

合同中的“亮点”条款还有:在单位工作满六年的职工签订无固定期限劳动合同，单位实行全员劳动合同制，各个岗位均不使用劳务派遣工。单位为员工提供六项福利，包括免费工作餐，每人每年 400 元节日礼金，每人每季度 50 元员工活动福利，实行最低 3 天、最高 7 天的带薪休假制度，建立员工体检制度，购买患重大疾病职工享有 5 万元一次性给付和个人自负的合理住院费用 100% 赔付的补充医疗保险，设立员工互助基金。

【法律分析】

因我国法律规定外国企业的在华办事处、代办机构等非法人实体组织，如需在华招用人员，应按我国法律法规规定，从具有合法资格的派遣单位招用人员，所以合资、对外单位一直是劳务派遣的重点对象。但现在一些国外企业在选择在华投资时，很多不再是简单设点，而是从战略上进行决策，诸如成立相应子公司或分公司进行具体经营管理。在这些经营管理中，一般该等企业按照本地化的原则，即由以前以派遣员工为主逐步转变到以劳动关系用工为主来增强企业员工的归属感和稳定性。这种观念的转变，对派遣业务的冲击将是巨大的，这也更进一步促进了派遣单位的“升级换代”，也只有进行创品牌、增实力、守立法、严管理才是未来派遣单位的强大之路。否则，在《劳动合同法》相关连带责任的顾虑之下，为控制或降低风险，很多用工单位会“自己招人，自己管理”。

【法律条文链接】

《劳动合同法》

第五十一条 企业职工一方与用人单位通过平等协商,可以就劳动报酬、工作时间、休息休假、劳动安全卫生、保险福利等事项订立集体合同。集体合同草案应当提交职工代表大会或者全体职工讨论通过。

集体合同由工会代表企业职工一方与用人单位订立;尚未建立工会的用人单位,由上级工会指导劳动者推举的代表与用人单位订立。

第五十五条 集体合同中劳动报酬和劳动条件等标准不得低于当地人民政府规定的最低标准;用人单位与劳动者订立的劳动合同中劳动报酬和劳动条件等标准不得低于集体合同规定的标准。

第五十七条 经营劳务派遣业务应当具备下列条件:

(一)注册资本不得少于人民币二百万元;

(二)有与开展业务相适应的固定的经营场所和设施;

(三)有符合法律、行政法规规定的劳务派遣管理制度;

(四)法律、行政法规规定的其他条件。

经营劳务派遣业务,应当向劳动行政部门依法申请行政许可;经许可的,依法办理相应的公司登记。未经许可,任何单位和个人不得经营劳务派遣业务。

第五十八条 劳务派遣单位是本法所称用人单位,应当履行用人单位对劳动者的义务。劳务派遣单位与被派遣劳动者订立的劳动合同,除应当载明本法第十七条规定的事项外,还应当载明被派遣劳动者的用工单位以及派遣期限、工作岗位等情况。

劳务派遣单位应当与被派遣劳动者订立二年以上的固定期限劳动合同,按月支付劳动报酬;被派遣劳动者在无工作期间,劳务派遣单位应当按照所在地人民政府规定的最低工资标准,向其按月支付报酬。

第五十九条 劳务派遣单位派遣劳动者应当与接受以劳务派遣形式用工的单位(以下称用工单位)订立劳务派遣协议。劳务派遣协议应当约定派遣岗位和人员数量、派遣期限、劳动报酬和社会保险费的数额与支付方式以及违反协议的责任。

用工单位应当根据工作岗位的实际需要与劳务派遣单位确定派遣期限,不得将连续用工期限分割订立数个短期劳务派遣协议。

8.1.2 派遣单位解散注销,用工单位依法担责

【案件回放】

时间:2011 年 10 月

争议双方:1. 蔡某

　　　　　2. 某市劳务派遣服务公司

关键词:工伤,注销

2010 年 6 月，蔡某与某市劳务派遣[1]服务公司（以下简称“派遣公司”）签订了劳动合同，同时被派往某地区研究所工作。2011 年 10 月，因工作不慎，在工作过程中，造成工伤。当蔡某向派遣单位主张工伤申请与赔偿时，才发现该派遣单位未依法给蔡某缴纳社会保险，并且该派遣单位在蔡某要求工伤赔偿期间已以经营不善为由在工商局申请了解散注销。于是，走投无路的蔡某向用工单位主张权利，该研究单位以双方不存劳动关系为由拒绝支付。最后，蔡某把派遣单位与用工单位作为共同当事人提起仲裁，要求两单位支付工伤赔偿等。

庭审中，派遣单位因已注销，无人应诉。

研究所单位抗辩时声称，该研究所已依派遣合同约定按时足额向派遣单位支付了相应费用。研究所与蔡某无合同关系，双方之间不存在劳动关系。蔡某的工伤诉求应向派遣单位主张，据此，不同意蔡某要求其承担连带责任的仲裁诉求，请求仲裁依法驳回。

仲裁裁决认为：依据《劳动合同法》及《劳动合同法实施条例》的相应规定，派遣单位与用工单位对任何一方存在侵害被派遣人员的合法权益，均应承担连带赔偿。同时，依据《劳动争议调解仲裁法》第二十二条第二款规定，劳务派遣单位或者用人单位与劳动者发生劳动争议的，劳务派遣单位与用工单位为共同当事人。派遣单位作为蔡某的合同相对方，双方存在劳动关系，当然应当承担用人过程中的相应风险，但现在该派遣单位已经解散注销无力承担上述责任，而研究所鉴于法定用工的连带责任，并不因其与蔡某不存在劳动关系而免责。对此，依法裁决研究所承担蔡某要求工伤赔偿的相应诉求。

【法律分析】

旧劳务派遣时期——即在劳动合同法实施以前，存在“用人单位管人的不用工，用人单位用工的不管人”的现象，出现问题时，用工单位可以一推了之，法律风险较少。但在新劳务派时期——即劳动合同法实施以后，由于用工单位在派遣用工的使用过程中，存在连带法律责任，再像以前那样只用不管，将会像本案一样带来很多用工风险。在劳务派遣过程中，一些人才租赁公司在面对巨大劳动风险，无法承担时，采取关闭公司、申请破产等手段进行恶意逃避。过去这种“有劳动无关系，有关系无劳动”劳务派遣用工形式，用工单位可以大胆使用，无需过多关注被派遣人员的劳动利益，但在“连带责任”确立后，两单位本质对被派遣人员的劳动权益存在互为连带的保障义务，不再是“无关系”。

但应当注意的是，该案件发生在 2011 年的两单位“互相连带赔偿”时期，法律规定，用人单位与用工单位存在绝对连带责任关系，即派遣人员在找不到派遣单位时，可以找用工单位进行赔偿。但是目前法律规定已进行了重大调整，如该案发生在 2013 年 7 月 1 日之后，只要用工单位能证明其在派遣合作期间不存在违法行为，比如派遣人员工资、保险等均依法支付或缴纳等，此时因派遣公司注销而损害派遣人员合法权益时，其想再向用工单位主张相关赔偿就于法无据，仲裁庭或法院将不会再相应支持。对此，有关用人单位或用工单位在学习和适用相关法律规定时，一定要关注相关法律的调整和变化，避免操作失误。

---

① 劳务派遣是用人单位根据工作需要，从人力资源公司租赁或通过人力资源公司选聘所需人才，并通过人力资源公司为派遣人员办理劳动合同管理、发放薪酬、办理社会保险、保管档案、员工沟通，以及劳务纠纷处理等全方位的人力资源管理服务。2014 年 3 月，《劳务派遣暂行规定》正式实施。

【法律条文链接】

《劳动合同法》

第九十二条 违反本法规定,未经许可,擅自经营劳务派遣业务的,由劳动行政部门责令停止违法行为,没收违法所得,并处违法所得一倍以上五倍以下的罚款;没有违法所得的,可以处五万元以下的罚款。

劳务派遣单位、用工单位违反本法有关劳务派遣规定的,由劳动行政部门责令限期改正;逾期不改正的,以每人五千元以上一万元以下的标准处以罚款,对劳务派遣单位,吊销其劳务派遣业务经营许可证。用工单位给被派遣劳动者造成损害的,劳务派遣单位与用工单位承担连带赔偿责任。

《劳动派遣暂行规定》

第十条 被派遣劳动者在用工单位因工作遭受事故伤害的,劳务派遣单位应当依法申请工伤认定,用工单位应当协助工伤认定的调查核实工作。劳务派遣单位承担工伤保险责任,但可以与用工单位约定补偿办法。

8.1.3 劳务派遣约定试用期,给用人单位带来风险

【案件回放】

时间:2013 年 8 月
争议双方:1. 关某
2. ××市某劳务派遣公司
关键词:派遣,补偿金

××市劳务派遣公司为了达到与所属员工终止劳动合同不支付经济补偿金的目的,其在与关某签订劳动合同时约定合同期限为“完成一定任务”。但同时在该劳动合同中,派遣公司又与关某约定了为期一个月到六个月不等的试用期。另外,在派遣协议中派遣公司与用工单位约定,在试用期间,如关某派遣工无法胜任工作岗位,用工单位可以以试用期间不符合录用条件为由相应退回。但该约定派遣公司和用工单位均未向关某员工履行告知义务。结果关某在用工单位入职一个月后,被用工单位依据试用期不符合录用条件退回时,双方发生争议。关某申诉到当地仲裁委,要求撤销退回决定,继续履行。

仲裁委员会经审查后认为:依法以完成一定任务为期限的劳动合同,不能约定试用期,所以劳务派遣公司与关某签订的劳动合同中所约定的试用期违法,视为不存在试用期,因此用工单位不能依据试用期的规定退回员工,从而作出了撤销退回决定,继续履行裁决结果。

【法律分析】

本案折射出了一些劳务派遣试用期在使用管理中的特殊情形。依法可知,以一定任务为期限、非全日制用工、合同期限在三个月以下以及未经用人单位授权的用工单位在劳动用工中禁止约定试用期。派遣单位知法犯法,最终以败诉告终。

本案对用人单位与用工单位的风险提示是：

(1)对用人单位来讲，要知法、懂法、守法；

(2)对用工单位来讲，在派遣人员入职工作时，必须审查其劳动合同等约定是否符合法律规定，不符合的应退回该人员，不能接收，从而规避风险。

劳务派遣中，用工单位违法损害派遣人员的合法权益时，用人单位和用工单位必须依法对派遣人员承担"连带责任"，所以一旦两单位中任何一家单位与派遣人员产生纠纷时，另一单位必须积极协商，共同面对，不管不问是无法规避或降低风险的。

【法律条文链接】

《劳动合同法》

第十五条　以完成一定工作任务为期限的劳动合同，是指用人单位与劳动者约定以某项工作的完成为合同期限的劳动合同。

用人单位与劳动者协商一致，可以订立以完成一定工作任务为期限的劳动合同。

第五十八条　劳务派遣单位是本法所称用人单位，应当履行用人单位对劳动者的义务。劳务派遣单位与被派遣劳动者订立的劳动合同，除应当载明本法第十七条规定的事项外，还应当载明被派遣劳动者的用工单位以及派遣期限、工作岗位等情况。

劳务派遣单位应当与被派遣劳动者订立二年以上的固定期限劳动合同，按月支付劳动报酬；被派遣劳动者在无工作期间，劳务派遣单位应当按照所在地人民政府规定的最低工资标准，向其按月支付报酬。

第五十九条　劳务派遣单位派遣劳动者应当与接受以劳务派遣形式用工的单位(以下称用工单位)订立劳务派遣协议。劳务派遣协议应当约定派遣岗位和人员数量、派遣期限、劳动报酬和社会保险费的数额与支付方式以及违反协议的责任。

用工单位应当根据工作岗位的实际需要与劳务派遣单位确定派遣期限，不得将连续用工期限分割订立数个短期劳务派遣协议。

第九十二条　违反本法规定，未经许可，擅自经营劳务派遣业务的，由劳动行政部门责令停止违法行为，没收违法所得，并处违法所得一倍以上五倍以下的罚款；没有违法所得的，可以处五万元以下的罚款。

劳务派遣单位、用工单位违反本法有关劳务派遣规定的，由劳动行政部门责令限期改正；逾期不改正的，以每人五千元以上一万元以下的标准处以罚款，对劳务派 遣单位，吊销其劳务派遣业务经营许可证。用工单位给被派遣劳动者造成损害的，劳务派遣单位与用工单位承担连带赔偿责任。

8.1.4　逆向劳务派遣违法，实际用人单位担责

【案件回放】

时间：2012 年 11 月

争议双方：1. 李某

　　　　　2. 南方××销售公司

关键词：改革，加班

2010年6月，李某进入南方××事业单位下属销售公司（独立法人）工作，双方建立了劳动关系，未签订劳动合同。2011年12月，销售公司对聘用人员进行用工改革，并与当地某人力资源有限公司签订劳务协议，约定由该人力资源有限公司向销售公司派遣劳务人员等事宜。同时，销售公司在未与李某办理解除或终止劳动关系手续的情况下，人力资源有限公司与李某签订劳动合同，合同期限自2011年10月11日至2013年10月9日。李某以人力资源有限公司劳务派遣员工的身份继续在销售公司原岗位工作。自2012年下半年起，销售公司的业务非常繁忙，经常要延长工作时间，双休日也只能休息一天，但是公司却从未支付加班费用。2012年11月中旬，李某向公司相关负责人提出公司应支付其加班工资的要求。公司相关负责人听后很生气，立即发邮件给人力资源有限公司，明确表示终止与李某的用工关系。人力资源公司马上与李某取得联系，要求李某根据约定终止劳动关系，并前往办理离职手续。李某向劳动争议仲裁委员会提起仲裁，要求恢复与销售公司的劳动关系并确认派遣合同无效。

仲裁委经审理认为，这是一起典型的由"逆向劳务派遣"引起的劳动争议案件。根据《劳动合同法》的有关规定，在劳务派遣法律关系中，劳务派遣单位与劳动者通过签订书面劳动合同建立劳动关系，然后把招用的劳动者派遣到实际用工单位，但用工单位与劳动者之间并不形成劳动关系，由劳务派遣单位承担用人单位主体责任。但是，逆向劳务派遣恰恰颠倒了派遣单位和用工单位与劳动者之间的关系，用人单位将正在岗位工作、劳动关系仍在存续的劳动者通过与劳务派遣单位签订劳务派遣协议的方式改变劳动关系的归属，其实质是用人单位借用劳务派遣的名义，规避劳动法规定义务，因此，在原用人单位尚未与劳动者解除或终止劳动关系的情形下所实施的劳务派遣应是非法的，用人单位不能免除其应当承担的劳动法规定的义务。据此，本案中，仲裁委支持了李某的要求确认派遣合同无效，并责令销售公司支付李某加班工资。

【法律分析】

所谓的"逆向派遣"，如本章前面所述，就是一种借用劳动力派遣名义，逃避法律责任的反向劳务派遣方式。在形式上，其颠倒了派遣单位与接收单位的关系，劳动者是实际用人单位（接收单位）招聘的，劳动者与实际用人单位之间存在真实的劳动关系，由此引发的劳动争议，其后果应由实际用人单位承担，派遣单位不承担责任（但是如果派遣单位存在过错，比如存在恶意串通等不良行为时，应承担连带法律责任）。

本案中，李某自2010年6月以来一直在销售公司安排的工作岗位上工作，虽然2011年12月销售公司与人力资源公司签订劳务派遣协议，并且李某与人力资源公司签订劳动合同，但是李某的工作岗位没有发生任何变化，因此李某与销售公司之间的劳动合同关系仍然存在，销售公司与人力资源公司签订劳务派遣协议不是实质的派遣关系，该劳动合同应为无效合同，是一种假派遣，据此劳动仲裁认定派遣合同无效，事实清楚，于法有据，是完全正确的。

实务中，"逆向派遣"往往导致派遣劳动者与接受单位职工相比同工不同酬，不能享受正常的福利待遇，派遣单位和接收单位责任划分不明确、不利于劳动者的保护等一系列问题。"逆向派遣"的实质就是假派遣，其与"劳务派遣"的立法目的背道而驰，而且由于其会损害"被派遣"劳动者的权益，因而也违背了正常的法治理念——不得利用法律达到不正当的乃至非法的目的。在本案中，劳动仲裁裁决"逆向派遣"无效，实际用工单位应当继续承担劳动关系下用人单位的法律责任，从而对用人单位不正当的法律行为作出了否定性评价，维护了劳动者的正当权益。这也是实践中有代表性的一种正确处理方案。

在企业管理过程中，用人单位进行逆向派遣的常用手段如下。

(1)即在劳动关系存在期间，突然要求劳动者与本方解除劳动关系，要求其与指定第三方派遣公司签订劳动合同。否则，单位将解除劳动关系，迫使劳动者在不自愿的情况下就范，即进行“胁迫派遣”。

(2)在劳动合同期满，或劳动合同履行过程中，拿一个不写抬头的劳动合同让劳动者先签字，再以公司盖章为由收回，然后在抬头上填写派遣公司名称，进行“欺诈派遣”。

但用人单位应当特别注意的是，如依法解除后再以派遣形式用工并不违法，即用人单位与劳动者解除或终止劳动关系(包括事实劳动关系)后，让劳动者与劳务派遣机构签订劳动合同并派遣回原用人单位继续劳动。此种情形下，因原用人单位与劳动者的劳动关系已经真实解除或终止，双方基于劳动关系所产生的权利义务已经依法终结，劳动者与派遣机构签订的劳动合同应当认定为有效合同，应由派遣机构承担《劳动合同法》所规定用工主体应承担的法律义务，同时享有《劳动合同法》所规定的用工主体的法定权利。应当注意的是，在此情形下，用人单位无需对“逆向派遣”后的用工行为承担劳动法律所规定法定义务的关键前提是：必须真实解除或终止此前的劳动关系(包括事实劳动关系)。

劳务派遣协议书样本(格式版)

甲方(劳务派遣单位)：	乙方(用工单位)：
经济类型：	经济类型：
法定代表人(单位主要负责人)：	法定代表人(单位主要负责人)：
登记注册地：	登记注册地：
联系人：	联系人：
联系电话：	联系电话：

根据《劳动法》《中华人民共和国劳动合同法》等有关法律法规的规定，甲乙双方遵循平等、自愿、公平、诚实信用的原则，就甲方向乙方派遣劳动者为乙方提供劳动的事宜，订立本协议。

一、劳务派遣协议期限

本合同自甲乙双方签字并盖章之日起生效，至________年________月________日终止。双方应在协议期满前日协商办理续延或者终止手续。

二、被派遣劳动者数量、派遣岗位、派遣期限

甲方向乙方派遣的人员数量、从事岗位和派遣期限如下：

1. 甲方派遣(人数)到乙方(岗位)从事(工作内容)，工作地点为____________________，派遣期限自________年________月________日起至________年________月________日止。

2. 甲方派遣(人数)到乙方(岗位)从事(工作内容)，工作地点为____________________，派遣期限自________年________月________日起至________年________月________日止。

3. 甲方派遣(人数)到乙方(岗位)从事(工作内容)，工作地点为

________________,派遣期限自________年________月________日起至________年________月________日________止。

三、工作时间和休息休假

1. 工作时间:被派遣劳动者在乙方实行(标准、综合计算、不定时)工时工作制。其中,标准工时工作制度为每天工作小时,每周休息日为________;

实行综合计算工时工作制或不定时工时工作制的,由乙方按照相关规定负责申报并征得甲方同意,在劳动行政部门批准后实行,并告知被派遣劳动者。

2. 休息、休假:按国家和乙方的规定执行。

3. 乙方负责保障被派遣劳动者享有法定休息休假权利。乙方因工作需要安排被派遣劳动者延长工作时间或在节假日加班的,应当征得被派遣劳动者同意,并直接依法支付加班加点工资。

四、劳动报酬

1. 被派遣劳动者享有与乙方相同或相近岗位劳动者同工同酬和福利待遇的的权利。甲方不得克扣乙方支付给被派遣劳动者的劳动报酬。

2. 甲方与乙方商定的被派遣劳动者工资发放日为每月________日,工资发放形式为(由甲方发放、由乙方直接发放、由甲方或乙方委托银行发放)。

3. 甲方与乙方协商确定,被派遣劳动者的工资标准采用下列第(　　)方式:

(1)被派遣劳动者实行月薪制,每月为元,具体办法按照乙方规定执行。

(2)被派遣劳动者实行基本工资和绩效奖金相结合的工资分配办法,被派遣劳动者的基本工资为每月________元;绩效奖金考核发放办法根据乙方规定执行。绩效奖金由乙方直接发放。

(3)被派遣劳动者实行计件工资制,计件工资的劳动定额管理按照乙方的规定执行,定额单价为________元。乙方确定、调整劳动定额应当保证被派遣劳动者与本单位同岗位90%以上的劳动者在法定工作时间内能够完成。超过法定工作时间以外劳动定额,应当按照法定加班工资的标准计算计件工资。

被派遣劳动者在乙方连续工作的,乙方应当按照同工同酬的规定,为被派遣劳动者实行工资调整。

五、社会保险

1. 被派遣劳动者的社会保险由甲方负责,甲方和被派遣劳动者应当按时足额缴纳各项社会保险费,其中被派遣劳动者应缴纳的社会保险费由甲方代扣代缴。

2. 双方商定,被派遣劳动者的社会保险按照下列第(　　)方式结算:

(1)由甲方负责发放被派遣劳动者工资,乙方直接发放加班工资和绩效奖金的,乙方应当每月向甲方结算一次被派遣劳动者的加班工资和绩效奖金应交纳的社会保险费;

(2)由乙方负责发放被派遣劳动者工资、加班工资和绩效奖金的,乙方负责按月向甲方结算应交纳的社会保险费。

六、劳动保护、劳动条件和职业危害防护

1. 乙方保证执行国家劳动标准,提供相应的劳动条件和劳动保护。甲乙双方共同负责教育被派遣劳动者遵守国家和乙方规定的劳动安全规程。

2. 乙方安排被派遣劳动者的工作(属于、不属于)国家规定的有毒、有害、特别繁重或者其他特种作业。被派遣劳动者从事有职业危害作业的,乙方负责定期为其进行健康检查,并按每月________元的标准向其支付岗位津贴(补贴)。

3. 乙方及其管理人员负责保障被派遣劳动者的生命安全和身体健康。被派遣劳动者有权拒绝乙方管理人员违章指挥、强令冒险作业,并不视为违反本协议。被派遣劳动者对危害生命安全和身体健康的行为,有权提出批评、检举和控告。

4. 被派遣劳动者因工作遭受事故伤害或患职业病,甲乙双方均有负责及时救治、保障其依法享受各项工伤保险及相关待遇的连带义务。甲方应按规定为被派遣劳动者申请工伤认定和劳动能力鉴定。

5. 员工患病或非因工负伤,甲乙双方共同承担保证其享受国家规定的医疗期和相应的医疗待遇的连带义务。

七、劳动合同的履行、变更、解除和终止

1. 甲乙方共同负责教育被派遣劳动者,按照本协议和劳动合同的约定,三方全面履行各自的义务。

2. 被派遣劳动者按约定在乙方工作期限届满,乙方需要留用的,应当与甲方及被派遣劳动者协商续延工作期限;乙方不留用的,被派遣劳动者由甲方安排。

3. 乙方未按本协议约定承担对被派遣劳动者义务,或者出现《劳动合同法》第三十八条情形,致使被派遣劳动者行使单方解除权的,由乙方承担对被派遣劳动者的义务,甲方承担连带责任。

4. 被派遣劳动者因违反《劳动合同法》第三十九条及乙方依法制定的劳动规章的,乙方有权将被派遣劳动者退回甲方,由甲方按规定处理;被派遣劳动者因出现《劳动合同法》第四十条、四十一条有关情形,乙方需退回的,应与甲方协商妥善处理办法。

5. 被派遣劳动者有《劳动合同法》第四十二条情形之一的,派遣期间,乙方不得退回甲方,派遣期满的,应当续延至相应的情形消失时终止。甲方和乙方承担连带责任。

八、本协议履行中相关问题的处理

1. 本协议履行过程中,若甲乙双方或一方变更名称、法定代表人或者主要负责人、投资人等事项,不影响本协议履行;若甲乙双方或一方发生合并或分立等情况,本协议继续有效,由承继单位继续履行。

涉及劳动者切身利益的条款内容变更时,双方应当协商一致,以书面方式变更本协议。

2. 本协议的解除或终止,应当在妥善处理好被派遣劳动者合法权益的基础上进行。双方或一方违反法律规定解除或终止本协议,给被派遣劳动者造成损失的,应当按《劳动合同法》第四十八条规定处理。

九、劳务费用结算

1. 劳务费用的构成:劳务工工资费用、社会保险费和劳务派遣服务费。

2. 费用结算标准:

(1)劳务工工资费用由乙方按本协议约定及应发放的被派遣劳动者的工资总额按月支付甲方。

(2)被派遣劳动者的各项社会保险的参保缴费手续,由甲方负责,保险费用由乙方按月支付甲方。

(3)甲方按照派遣员工总数每人每月________元标准或劳务派遣人员工资总额的________%收取劳务派遣服务费。

3. 乙方每月________日前从银行足额划付到甲方账户,并提供各项费用结算清单。乙方支付给甲方的劳务费及相关费用，甲方必须开具正式劳务费发票。

4. 甲乙双方不得向被派遣劳动者收取任何费用。

十、其他约定：

十一、本协议未尽事宜，法律法规有规定的，按法律法规规定执行；法律法规没有规定的，由双方协商解决；双方协商一致，可以变更本合同。若双方协商不成或者发生争议，应当依法处理。若因员工问题发生劳动争议，甲乙双方应当积极协调解决，并依法承担连带责任。

十二、本协议一式两份，自双方签字盖章之日起生效；双方各执一份。甲方应按规定建立职工名册备查，向劳动部门办理备案手续，并依法将本协议内容告知员工。

甲方（盖章）：　　　　　　　　　　　　乙方（盖章）：

　　年　　月　　日　　　　　　　　　　　　年　　月　　日

在劳务派遣中，虽然用人单位与派遣人员签订劳动合同只涉及用人单位与派遣人员的权利义务等，但因涉及三方利益，用人单位与派遣人员约定的相关内容不可能与用工单位一点关系没有。如劳动合同内容涉及用工单位权利义务的，该合同在签订时，应让用工单位签阅，并签字确认。

【法律条文链接】

《劳动派遣暂行规定》

第十四条　被派遣劳动者提前 30 日以书面形式通知劳务派遣单位，可以解除劳动合同。被派遣劳动者在试用期内提前 3 日通知劳务派遣单位，可以解除劳动合同。劳务派遣单位应当将被派遣劳动者通知解除劳动合同的情况及时告知用工单位。

第十五条　被派遣劳动者因本规定第十二条规定被用工单位退回，劳务派遣单位重新派遣时维持或者提高劳动合同约定条件，被派遣劳动者不同意的，劳务派遣单位可以解除劳动合同。

被派遣劳动者因本规定第十二条规定被用工单位退回，劳务派遣单位重新派遣时降低劳动合同约定条件，被派遣劳动者不同意的，劳务派遣单位不得解除劳动合同。但被派遣劳动者提出解除劳动合同的除外。

第十六条　劳务派遣单位被依法宣告破产、吊销营业执照、责令关闭、撤销、决定提前解散或者经营期限届满不再继续经营的，劳动合同终止。用工单位应当与劳务派遣单位协商妥善安置被派遣劳动者。

第十七条　劳务派遣单位因劳动合同法第四十六条或者本规定第十五条、第十六条规定的情形，与被派遣劳动者解除或者终止劳动合同的，应当依法向被派遣劳动者支付经济补偿。

8.1.5　派遣协议约定不明,培训费用主张无效

【案件回放】

时间:2012 年 7 月
争议双方:1. 蔡某
　　　　　2. 北方××大学下属研究所
关键词:变更,违约金

2012 年蔡某从国内其著名大学毕业后进入了北方××大学下属研究所从事研发工作。2011 年蔡某和某对外服务公司签订了 1 年期合同,而后被派往研究所工作的。两个月后,研究所送蔡某前往英国知名大学进修 1 年。临行前,××大学下属研究所与对外服务公司对原来的《派遣协议》作了变更,增加了条款,约定蔡某学成归国后应为研究所连续工作 3 年,期限从 2012 年 6 月 1 日至 2014 年 5 月 30 日。蔡某若提前离开研究所,则违约金为 25 万元人民币。蔡某学成回国后不久,即跳槽到另一家单位。研究所提起仲裁,要求蔡某支付违约金。

仲裁以蔡某与研究所不存在劳动关系,其中对外服务公司的约定不能对抗不知情的第三人为由,驳回了研究所的仲裁请求。

【法律分析】

本案中,用人单位与用工单位在派遣协议的补充条款中,约定第三方权利义务时,忽视了合同相对性的问题。用工单位研究所和用人单位、服务公司在《派遣协议》中规定了第三方——蔡某的义务。这种未经第三方同意的约定条款对蔡某没有约束力。依法服务期协议的主体双方应当是法律上的用人单位和劳动者,在本案例中应当是用人单位、服务公司和蔡某。然而,实际上服务公司并没有对蔡某出资进行培训,而研究所虽然出资对蔡某进行了培训,但由于其和蔡某之间并不存在劳动关系,研究所不是蔡某法律上的雇主,所以两者之间不能签订服务期协议。有用工单位问,那如何保护用工单位的利益呢?方法如下:

(1)分段式约定,具体操作是:第一段约定是两单位方面的培训约定,即两单位对专项技术培训的安排、费用、责任等内容进行具体约定,比如双方可以在《派遣协议》或双方的补充协议中约定,经用人单位同意并由用工单位出资对派遣工进行专项技术培训时,用人单位必须负责及时与派遣工签订专项技术培训协议,以落实违约责任、服务期安排等相关事宜,否则,视为用人单位违约,由用人单位承担违约责任和相关损害赔偿;第二段约定是,由劳资双方进行关于专项技术培训操作约定,即由用人单位与派遣人员签订关于该培训费用、服务期、违约金等方面的《专项技术培训》,以确定派遣工对该项技术培训的认可以及相应责任的承担,从而有效化解用人和用工单位在派遣工接受培训后不辞而别或突然离职时给两单位所带来的培训损失风险。

(2)直接式约定,即把培训费用支付给用人单位,让用人单位对专项技术培训进行关于服务期、违约金等方面的特别约定,并让用人单位对此担保。派遣人员违反约定的不利后果,将由用人单位承担。

(3)三方式约定,即用工单位因岗位工作需要且必须要对派遣人员进行专项技术培训

的,可以由用人单位、用工单位、派遣人员对该专项技术培训进行三方专项约定。这种方式可以较好地规避规培训费用、服务期、违约金约定无效的问题。

尽管《劳动合同法》第五十九条明确了派遣协议的必备条款,但因涉及第三方——派遣人员,所以有许多事项还需要明确约定,否则,原本是派遣单位的法律责任便会转移到用工单位身上,或者用工单位的责任会由用人单位连带承担等。例如劳动合同的签订、工资福利发放、社会保险的缴纳、工伤事故的申报,经济补偿金的承担、规章制度的适用、派遣退回条件及退回方式,商业秘密条款等。综上可知,在签订劳务派遣协议时,最关键的是注意派遣协议是否"责权明晰"。总之,一份责权明晰、条款完备的劳务派遣协议会大大降低企业的法律风险。

【法律条文链接】

《劳动派遣暂行规定》

第五条 劳务派遣单位应当依法与被派遣劳动者订立 2 年以上的固定期限书面劳动合同。

第六条 劳务派遣单位可以依法与被派遣劳动者约定试用期。劳务派遣单位与同一被派遣劳动者只能约定一次试用期。

第八条 劳务派遣单位应当对被派遣劳动者履行下列义务:

(一)如实告知被派遣劳动者劳动合同法第八条规定的事项、应遵守的规章制度以及劳务派遣协议的内容;

(二)建立培训制度,对被派遣劳动者进行上岗知识、安全教育培训;

(三)按照国家规定和劳务派遣协议约定,依法支付被派遣劳动者的劳动报酬和相关待遇;

(四)按照国家规定和劳务派遣协议约定,依法为被派遣劳动者缴纳社会保险费,并办理社会保险相关手续;

(五)督促用工单位依法为被派遣劳动者提供劳动保护和劳动安全卫生条件;

(六)依法出具解除或者终止劳动合同的证明;

(七)协助处理被派遣劳动者与用工单位的纠纷;

(八)法律、法规和规章规定的其他事项。

第九条 用工单位应当按照劳动合同法第六十二条规定,向被派遣劳动者提供与工作岗位相关的福利待遇,不得歧视被派遣劳动者。

第十五条 被派遣劳动者因本规定第十二条规定被用工单位退回,劳务派遣单位重新派遣时维持或者提高劳动合同约定条件,被派遣劳动者不同意的,劳务派遣单位可以解除劳动合同。

被派遣劳动者因本规定第十二条规定被用工单位退回,劳务派遣单位重新派遣时降低劳动合同约定条件,被派遣劳动者不同意的,劳务派遣单位不得解除劳动合同。但被派遣劳动者提出解除劳动合同的除外。

第六十一条 劳务派遣单位跨地区派遣劳动者的,被派遣劳动者享有的劳动报酬和劳动条件,按照用工单位所在地的标准执行。

第六十二条 用工单位应当履行下列义务:

(一)执行国家劳动标准,提供相应的劳动条件和劳动保护;

（二）告知被派遣劳动者的工作要求和劳动报酬；
（三）支付加班费、绩效奖金，提供与工作岗位相关的福利待遇；
（四）对在岗被派遣劳动者进行工作岗位所必需的培训；
（五）连续用工的，实行正常的工资调整机制。
用工单位不得将被派遣劳动者再派遣到其他用人单位。

第六十三条　被派遣劳动者享有与用工单位的劳动者同工同酬的权利。用工单位应当按照同工同酬原则，对被派遣劳动者与本单位同类岗位的劳动者实行相同的劳动报酬分配办法。用工单位无同类岗位劳动者的，参照用工单位所在地相同或者相近岗位劳动者的劳动报酬确定。

劳务派遣单位与被派遣劳动者订立的劳动合同和与用工单位订立的劳务派遣协议，载明或者约定的向被派遣劳动者支付的劳动报酬应当符合前款规定。

8.1.6　三方约定遵守用工单位制度，派遣工违约退回辞职有效

【案件回放】

时间：2011 年 9 月
争议双方：1. 吕某
　　　　　2. 南方某人力资源公司
　　　　　3. ××研究所
关键词：退工，规章制度

2011 年 9 月，吕某与某人力资源公司签订劳动合同。合同约定派遣吕某到当地××研究所从事化验员工作，合同自 2011 年 10 月 26 日至 2012 年 10 月 25 日止，月工资 4 500 元，同时劳动合同约定："若吕某有严重违反本单位及用工单位规章制度的行为，××研究所如书面通知人力资源公司解除与吕某的劳务协议，本合同自行终止"。2012 年 9 月 17 日，吕某与人力资源公司续订了劳动合同，合同期限自 2012 年 10 月 26 日起至 2013 年 10 月 25 日止，同时人力资源公司与研究所订立派遣协议，约定吕某"理解并同意研究所的规章制度并保证遵守"。2013 年 5 月 17 日、27 日吕某出差后报销发票，其中有两张为连号发票，且该发票后经查为假发票，研究所以吕某严重违反其研究所内部规定为由向人力资源公司发出了员工离职通知单。当日，人力资源公司出具单位退工证明。2013 年 6 月 11 日，研究所向吕某发出解除劳务关系的通知，吕某在该通知上认可签名。2013 年 7 月 19 日，吕某向人力资源公司所在地劳动争议仲裁委员会申请仲裁，后又诉至法院。

吕某主张人力资源公司支付其违法解除劳动关系的赔偿金 2 万元，未提前三十日通知解除劳动关系的替代金 5 000 元；人力资源公司则请求法院确认 2013 年 6 月 11 日该公司解除与吕某的劳动合同有效。

本案的争议焦点是：
（1）吕某应当遵守人力资源公司还是研究所的规章制度；
（2）人力资源公司可否应依据研究所的通知解除吕某的劳动合同。

法院经审理后判决：不支持吕某的诉讼请求，确认人力资源公司解除吕某的劳动合同有效。

【法律分析】

(1)吕某应当遵守人力资源公司还是研究所的规章制度。劳务派遣涉及三方关系,本案中吕某与人力资源公司签订了劳动合同,理应履行劳动合同约定的权利义务,遵守人力资源公司的规章制度,同时作为被派遣到研究所工作的劳动者,在接受研究所的指挥和管理的同时,也要遵守研究所的规章制度。研究所的《职业及道德准则政策亚洲地区规定》是公司依法制定的规章制度。吕某在入职研究所时,与研究所签订的劳动派遣协议时约定,理解、同意并遵守研究所的规章制度,所以《职业及道德准则政策亚洲地区规定》对吕某具有约束力。

(2)人力资源公司可否依据研究所的离职通知,即退工通知解除吕某的劳动合同。吕某与人力资源公司在劳动合同中约定,吕某严重违反用工单位资源公司的劳动纪律或规章制度,被用工单位退回的,人力资源公司可以解除劳动合同,该约定是双方真实意思的表示,且与法律不悖,对吕某、人力资源公司均有约束力。吕某提交不真实的凭证用于报销系违反财务制度的行为,严重违反了研究所的规章制度。根据《劳动合同法》第六十五条规定,研究所解除与吕某的劳务关系并将吕某退回人力资源公司,人力资源公司依据与吕某签订的劳动合同约定解除双方劳动关系并无不当。

综上可知,用工单位以派遣员工违反本单位规章制度对其进行处理时,往往会引起争议。因派遣员工与用工单位不存在劳动关系,用工单位要求派遣员工遵守其规章制度缺乏法律依据。虽然,有的用工单位在与劳务派遣单位签订的劳务派遣协议中,规定了派遣员工必须遵守用工单位的规章制度,这种做法并不合法。因为根据合同相对性原则只对合同当事人有效,对第三方是没有约束力,特别是在为第三人设定义务时。

为此,正确的做法是:用工单位要求派遣员工遵守本单位规章制度的要求,尽量不要在用工单位与劳务派遣单位的劳务派遣协议中来约定,但可以与劳务派遣单位协商,在被派遣员工和劳务派遣单位签订的劳动合同中明确规定。这样,用工单位既可以名正言顺地要求被派遣员工遵守本单位规章制度,同时也不会与合同相对性原则相抵触。但应提醒用工单位或用人单位在约定派遣人员遵守相关制度,要约定制度冲突适用的标准问题,一般适用约定可以设计为“派遣人员承诺遵守用人单位和/或用工单位的相应规章制度,用人单位与用工单位规章制度规定存在冲突时,以规定最严厉的规定为准”。

【法律条文链接】

《劳动合同法》

第六十二条 用工单位应当履行下列义务:

(一)执行国家劳动标准,提供相应的劳动条件和劳动保护;

(二)告知被派遣劳动者的工作要求和劳动报酬;

(三)支付加班费、绩效奖金,提供与工作岗位相关的福利待遇;

(四)对在岗被派遣劳动者进行工作岗位所必需的培训;

(五)连续用工的,实行正常的工资调整机制。

用工单位不得将被派遣劳动者再派遣到其他用人单位。

第六十三条 被派遣劳动者享有与用工单位的劳动者同工同酬的权利。用工单位应当按照同工同酬原则,对被派遣劳动者与本单位同类岗位的劳动者实行相同的劳动报酬分配办法。用工单位无同类岗位劳动者的,参照用工单位所在地相同或者相近岗位劳动者的劳动报酬确定。

劳务派遣单位与被派遣劳动者订立的劳动合同和与用工单位订立的劳务派遣协议,载明或者约定的向被派遣劳动者支付的劳动报酬应当符合前款规定。

《劳动派遣暂行规定》

第十四条　被派遣劳动者提前 30 日以书面形式通知劳务派遣单位,可以解除劳动合同。被派遣劳动者在试用期内提前 3 日通知劳务派遣单位,可以解除劳动合同。劳务派遣单位应当将被派遣劳动者通知解除劳动合同的情况及时告知用工单位。

第十五条　被派遣劳动者因本规定第十二条规定被用工单位退回,劳务派遣单位重新派遣时维持或者提高劳动合同约定条件,被派遣劳动者不同意的,劳务派遣单位可以解除劳动合同。

被派遣劳动者因本规定第十二条规定被用工单位退回,劳务派遣单位重新派遣时降低劳动合同约定条件,被派遣劳动者不同意的,劳务派遣单位不得解除劳动合同。但被派遣劳动者提出解除劳动合同的除外。

劳务派遣工聘用与派遣的风险与防范

8.1.7　任意接受非派遣单位“派遣”,用工单位承担用人单位责任

【案件回放】

时间:2011 年 5 月 3 日

争议双方:1. 陆某

2. ××研究所

3. 服务公司

关键词:派遣,关闭

××研究所与服务公司达成劳务派遣协议。协议规定,研究所拟用工人员一律由服务公司与派遣员工签订劳动合同。因工作需要,2011 年 5 月 3 日人力资源公司与陆某签订了劳动合同,该合同约定:合同期限为 2011 年 5 月 3 日至 2012 年 5 月 3 日,工作岗位派遣陆某到××研究所担任化验员工作。合同签订后,当日陆某被派遣到研究所下属单位担任化验员。2011 年底因其工作突出陆某又被升任化验组组长。但 2012 年 3 月 23 日,研究所突然以部门调整为由关闭该下属单位,从而致使陆某无法正常上班。对此,陆某要求研究所协调工作,研究所认为这属于内部调整,让陆某去找服务公司安排工作。但当陆某找到服务公司时,人力资源公司以其与陆某不存在劳动关系为由拒绝安排。

2012 年 5 月陆某在多次与上述两单位协商未果后依法申请劳动仲裁,要求服务公司补缴在职期间的社会保险费以及支付解除劳动合同的经济补偿金。

仲裁审理查明,陆某在研究所工作期间的招退工手续均通过中介服务公司办理,同时工作期间,服务公司未直接为陆某缴纳社会保险费,其社会保险和月工资 2 470 元均由中介服务公司进行缴纳和代为发放。同时,仲裁委另行查明中介服务公司注册资金为 10 万元,

经营范围仅为职业中介，没有劳务派遣的经营内容。

劳动仲裁委经审理认为：劳务派遣单位必须依法成立和经营，国家禁止非法派遣的经营活动。本案中中介服务公司注册资金10万元人民币、同时经营范围只是职业中介，该注册资本与经营范围均不符合劳务派遣的法定主体资格，对此该服务公司派遣行为无效，但同时因陆某在服务公司工作，接受公司管理，因此陆某和服务公司本质上形成事实劳动关系。据此，陆某的请求本委认为依法有据并全部予以支持。

【法律分析】

本案中，陆某与研究所、中介服务公司的派遣用工关系并未得到仲裁委员会的支持，而支持了服务公司的事实劳动关系，其根本原因在于服务公司作为非正规就业组织，不符合劳务派遣单位的成立要求，其主体不合法，有关的派遣行为及协议也随之无效。

而实践当中，由于非正规就业组织属于社会劳动组织，不属于劳动合同法意义上的用人单位，故其与招聘职工之间仅成立民法上的“民事雇佣关系”，而不成立劳动关系，不受劳动法律规范调整，无法享受劳动合同法所规定的诸如双倍工资、加班费、经济补偿金等权益，劳动者以非正规就业组织为被申请人申请劳动仲裁，其主张往往被仲裁委员会或法院驳回，基本理由是劳动者与非正规就业组织之间不存在劳动关系，不适用劳动法等有关规定。

【法律条文链接】

《劳动合同法》

第五十七条　经营劳务派遣业务应当具备下列条件：

（一）注册资本不得少于人民币二百万元；

（二）有与开展业务相适应的固定的经营场所和设施；

（三）有符合法律、行政法规规定的劳务派遣管理制度；

（四）法律、行政法规规定的其他条件。

经营劳务派遣业务，应当向劳动行政部门依法申请行政许可；经许可的，依法办理相应的公司登记。未经许可，任何单位和个人不得经营劳务派遣业务。

第五十八条　劳务派遣单位是本法所称用人单位，应当履行用人单位对劳动者的义务。劳务派遣单位与被派遣劳动者订立的劳动合同，除应当载明本法第十七条规定的事项外，还应当载明被派遣劳动者的用工单位以及派遣期限、工作岗位等情况。

劳务派遣单位应当与被派遣劳动者订立二年以上的固定期限劳动合同，按月支付劳动报酬；被派遣劳动者在无工作期间，劳务派遣单位应当按照所在地人民政府规定的最低工资标准，向其按月支付报酬。

第五十九条　劳务派遣单位派遣劳动者应当与接受以劳务派遣形式用工的单位（以下称用工单位）订立劳务派遣协议。劳务派遣协议应当约定派遣岗位和人员数量、派遣期限、劳动报酬和社会保险费的数额与支付方式以及违反协议的责任。

用工单位应当根据工作岗位的实际需要与劳务派遣单位确定派遣期限，不得将连续用工期限分割订立数个短期劳务派遣协议。

第六十条　劳务派遣单位应当将劳务派遣协议的内容告知被派遣劳动者。

劳务派遣单位不得克扣用工单位按照劳务派遣协议支付给被派遣劳动者的劳动报酬。劳务派遣单位和用工单位不得向被派遣劳动者收取费用。

8.1.8　派遣员工劳动关系的认定

【案件回放】

时间:2013 年 9 月
争议双方:1. 王某
　　　　　2. ××职业技能学校
关键词:派遣,劳动关系

2013 年 9 月,××职业技能学校与人力资源公司签订了劳务派遣协议,并作了一些简单的约定:人力资源公司输出包括王某在内的 170 名劳务人员从事操作工工作,劳务人员工作期间由××职业技能学校管理,劳动报酬由学校发放,工资清单由学校提供给人力资源公司等。学校按月向人力资源公司支付包括员工工资在内的劳务费,再由人力资源公司将工资存入员工的工资卡。因王某不服从管理,违规操作,导致学校的作业机器损坏,自己也被机器砸中左腿,后经工伤认定为八级。2014 年 1 月,学校将其退回人力资源公司,王某遂申请劳动仲裁,要求学校:

(1)补发其低于同岗位其他员工的工资、基于该工资待遇相应少发放的加班费以及延迟支付劳动报酬的赔偿金;

(2)缴纳其工作 1 年来的社会保险费用;

(3)依据《工伤保险条例》享受相应工伤待遇;

(4)支付违法解除劳动合同的双倍经济补偿金。

王某认为其并未与人力资源公司签订劳动合同,其与技能学校存在事实劳动关系,并且事故发生主要是机器性能不好,自己并无过错,现被辞退,要求技能学校支付经济补偿。学校则认为,王某是人力资源公司指派至其单位工作的,与单位不存在劳动关系,将其退回人力资源公司无须支付经济补偿金。

【法律分析】

在本案例中,作为实际用工单位的职业技能学校而言,在签订劳务派遣合同和管理派遣员工的过程中,存在了太多的疏漏和瑕疵。

(1)学校与劳务派遣公司签订的劳务派遣合同中,未明确约定工资和社会保险费的支付责任,这样一旦员工权益受到侵害,根据“连带责任”条款,用工企业应当承担连带责任。

(2)技能学校与劳务派遣公司签订的劳务派遣合同,并没有就工伤责任事项作出约定,这样因工伤事故发生而产生的损赔偿责任只能按照模糊的公平原则处理,并且由于劳务派遣企业没有依法缴纳工伤保险,工伤保险基金不能分摊相关损失。

(3)对于派遣员工,学校没有贯彻同工同酬原则,使得员工要求相应的工资赔偿金;

(4)技能学校作为现场管理单位,并没有留存员工违规操作的相关证据,使得劳务派遣公司劳动合同的解除面临证据上的拷问。

【法律条文链接】

《劳动派遣暂行规定》

第五条 劳务派遣单位应当依法与被派遣劳动者订立2年以上的固定期限书面劳动合同。

第七条 劳务派遣协议应当载明下列内容:

(一)派遣的工作岗位名称和岗位性质;

(二)工作地点;

(三)派遣人员数量和派遣期限;

(四)按照同工同酬原则确定的劳动报酬数额和支付方式;

(五)社会保险费的数额和支付方式;

(六)工作时间和休息休假事项;

(七)被派遣劳动者工伤、生育或者患病期间的相关待遇;

(八)劳动安全卫生以及培训事项;

(九)经济补偿等费用;

(十)劳务派遣协议期限;

(十一)劳务派遣服务费的支付方式和标准;

(十二)违反劳务派遣协议的责任;

(十三)法律、法规、规章规定应当纳入劳务派遣协议的其他事项。

第八条 劳务派遣单位应当对被派遣劳动者履行下列义务:

(一)如实告知被派遣劳动者劳动合同法第八条规定的事项、应遵守的规章制度以及劳务派遣协议的内容;

(二)建立培训制度,对被派遣劳动者进行上岗知识、安全教育培训;

(三)按照国家规定和劳务派遣协议约定,依法支付被派遣劳动者的劳动报酬和相关待遇;

(四)按照国家规定和劳务派遣协议约定,依法为被派遣劳动者缴纳社会保险费,并办理社会保险相关手续;

(五)督促用工单位依法为被派遣劳动者提供劳动保护和劳动安全卫生条件;

(六)依法出具解除或者终止劳动合同的证明;

(七)协助处理被派遣劳动者与用工单位的纠纷;

(八)法律、法规和规章规定的其他事项。

8.1.9 合同规章约定存在冲突,员工主张适用合同获支持

【案件回放】

时间:2013年3月

争议双方:1. 黄某

2. ××食品开发研究所

关键词:派遣,补助

黄某是某派遣单位派遣到××食品开发研究所(以下简称研究所)的部门主管,黄某与派遣单位签订劳动合同时约定,黄某月薪 5 300 元,话费补助每月 150 元,出差补助每月 1 500 元,前述劳动报酬由用工单位代为发放,同时在合同中约定,“黄某必须同时遵守用人单位和用工单位的相应派遣制度”。2012 年 12 月,用工单位为了规范管理,召集职工代表、单位领导,经过多轮协商,制定了新的规章制度,并组织单位员工(包括派遣人员)对新的规章制度进行学习。新制度对研究所各项补助标准进行了调整,提高了话费补助标准,并将原有的包干出差补助变更为按照实际出差天数计算。2013 年 3 月,新制度施行。当月,黄某的工资发生了变化,话费补助由原来的 150 元涨到 200 元;因黄某当月没有出差,工资中减少了出差补助 1 500 元。黄某对用工单位关于补贴的调整很不满意,要求用工单位继续按照劳动合同的约定发放工资,而不能自行降低标准。用工单位答复:研究所在制定规章制度时征求了职工代表(包括派遣人员代表)的意见,内容和程序符合法律规定,并且按劳取酬对每个员工都是公平合理的。单位之前疏于管理才造成了用工成本的增加和浪费,现在及时弥补管理中的不足不但有利于研究所的发展,对稳定员工工作也是一种保障。双方因此而诉至法院。

法院审理后认为,劳动合同的签订、履行、变更、解除或终止必须按法律程序操作。在双方劳动合同没有对相关问题变更之前,应以原合同的约定继续履行。因此黄某的主张于法有据,本院予以支持。

【法律分析】

用人单位制定的内部规章制度与集体合同或者劳动合同约定的内容不一致时,应如何处理? 众所周知,劳动规章制度是用人单位依法制定的适用于本单位及本单位全体劳动者或部分劳动者的劳动管理规则。劳动合同是劳动者与用人单位确立劳动关系,明确双方权利和义务的协议。集体合同是用人单位与本单位职工根据法律、法规、规章的规定,就劳动报酬、工作时间、休息休假、劳动安全与卫生、职业培训、保险福利等事项,通过集体协商签订的书面协议。规章制度、集体合同和劳动合同都是法院处理劳动争议案件的重要依据。实践中,劳动争议案件处理往往出现既有内部规章制度又有双方签订的劳动合同的情况,此时以何者作为依据将直接导致裁判结果的差别,对当事人的权利义务也势必产生重大影响。《最高人民法院关于审理劳动争议案件适用法律若干问题的解释(二)》第十六条规定,用人单位制定的内部规章制度与集体合同或者劳动合同约定的内容不一致,劳动者请求优先适用合同约定的,人民法院应予支持。因此,司法实践中应以劳动者的请求作为适用规章制度或劳动合同的前提,劳动者要求优先适用规章制度或劳动合同约规章定的,法院应当予以支持。

本案中,派遣单位与黄某在劳动合同中明确约定了工资待遇,包括每月 1 500 元的出差补助,此约定是用人单位对黄某的承诺,具有法律效力。虽然,在劳动合同中约定,黄某必须遵守用工单位的规章制度,但用工单位的规章制度对出差补助新规定仅适用于未与研究所就此达成协议的劳动者。但为达到统一管理的目的,用工单位可以与用人单位协商下可以通过补充协议的方式,约定出差补助按照规章制度规定的方式计发。但在用工单位或用人单位没有采取此项措施之前,用工单位仍需按照劳动合同的约定发给黄某工资。

【法律条文链接】

《最高人民法院关于审理劳动争议案件适用法律若干问题的解释(二)》

第十六条 用人单位制定的内部规章制度与集体合同或者劳动合同约定的内容不一致,劳动者请求优先适用合同约定的,人民法院应予支持。

《劳动派遣暂行规定》

第六十条 劳务派遣单位应当将劳务派遣协议的内容告知被派遣劳动者。

劳务派遣单位不得克扣用工单位按照劳务派遣协议支付给被派遣劳动者的劳动报酬。

劳务派遣单位和用工单位不得向被派遣劳动者收取费用。

第六十一条 劳务派遣单位跨地区派遣劳动者的,被派遣劳动者享有的劳动报酬和劳动条件,按照用工单位所在地的标准执行。

8.2 劳务派遣工待遇的风险与防范

8.2.1 劳务派遣工遭遇差别待遇,起诉派遣公司同工不同酬胜诉

【案件回放】

时间:2010 年 10 月

争议双方:1. 顾某

2. ××劳务服务有限公司

3. 某科研单位

关键词:派遣,同工同酬

2010 年 10 月,顾某与劳务服务派遣公司建立了劳动关系,口头约定月工资 1 750 元,但未签订书面劳动合同,随即顾某被派遣到某科研单位从事电工。2011 年 3 月,顾某申请劳动仲裁,索要加班工资、未同工同酬工资差额、未签书面劳动合同二倍工资、病假工资、年休假损失、精神损害赔偿金等。2011 年,仲裁委员会支持了顾某大部分申请请求并作出裁决,劳务服务公司、科研单位、顾某三方均不服裁决,向西城法院提起诉讼。

庭审中,顾某称服务公司、科研单位未对他给予同工同酬待遇,和他同一岗位做同样工作的其他电工月工资 1 900 元,而他则是 1 750 元。对于未同工同酬问题,科研单位称之所以给另外两个电工每月 1 900 元工资,是因为其中一人有高级电工证,但是研究单位方并未就此种说法向法庭提交相关证据。

庭审中,顾某还要求服务公司、科研单位支付未休年假损失 2 780 元,理由是他累计工龄已达 26 年,应享受 15 天的带薪年休假。而研究单位称顾某在该单位连续工龄不足一年,不应享受带薪年休假。此外顾某还要求服务公司支付其未签订书面劳动合同二倍工资。对此某研究单位称顾某入职前曾明确告知,他是以兼职身份到公司的,按法律规定兼职人员无需与用人单位签订书面劳动合同,因此无需支付未签订书面劳动合同二倍工资。

终审判决:派遣职工享同工同酬权利,派遣方用工单位各担其责。

法院审理后依法判决服务公司支付顾某未同工同酬工资差额 1 900 元、未签订书面劳动合同二倍工资差额 16 100 元等;判决研究单位支付顾某未休年假报酬差额 2 030 元以及部分加班费。

【法律分析】

《劳动合同法》明确规定,派遣工与正式工同工同酬,由于劳务派遣用工是一种涉及三方的特殊劳动关系。因此,派遣关系中的同工同酬与普通劳动关系中的同工同酬既存在一定的共性,也存在一定特殊性。其特殊性主要表现在:其一,即使三方约定了明确的劳动报酬,但该劳动报酬明显低于用工单位正式工的劳动报酬时,该约定因违反《劳动合同法》第二十六条第二项规定,为无效条款。同时,该法第二十八规定,劳动合同被确认无效,劳动者已付出劳动的,用人单位应当向劳动者支付劳动报酬。劳动报酬的数额,参照本单位相同或者相近岗位劳动者的劳动报酬确定。其二,三方约定不明时,按前所述,同工同酬具有绝对性,即完全比照同岗位人员劳动报酬支付,不管双方能力、技术高低等,某种意义上这也是对约定不明的一种惩罚,具有惩罚性和绝对性。但如果三方约定明确,且约定的劳动报酬与正式工不存在明显差异,且用工单位对此差异具有充分合理解释和证据。这种差异是允许存在的,即此时的同工同酬具有相对性——允许报酬在合理的区域内上下浮动。

就本案来看,某研究单位主张其中一人有高级电工证,但是该研究单位方并未就此种说法向法庭提交相关证据。所以法院在该单位无约定、无证据时按同工同酬的绝对性原则处理此案是完全正确的。

综上分析,用人单位、用工单位在适用"同工同酬"原则时,要注意该原则在不同情况下的绝对性和相对性。

【法律条文链接】

《劳动合同法》

第二十六条　下列劳动合同无效或者部分无效:

(一)以欺诈、胁迫的手段或者乘人之危,使对方在违背真实意思的情况下订立或者变更劳动合同的;

(二)用人单位免除自己的法定责任、排除劳动者权利的;

(三)违反法律、行政法规强制性规定的。

对劳动合同的无效或者部分无效有争议的,由劳动争议仲裁机构或者人民法院确认。

《劳动派遣暂行规定》

第六十三条　被派遣劳动者享有与用工单位的劳动者同工同酬的权利。用工单位应当按照同工同酬原则,对被派遣劳动者与本单位同类岗位的劳动者实行相同的劳动报酬分配办法。用工单位无同类岗位劳动者的,参照用工单位所在地相同或者相近岗位劳动者的劳动报酬确定。

劳务派遣单位与被派遣劳动者订立的劳动合同和与用工单位订立的劳务派遣协议,载明或者约定的向被派遣劳动者支付的劳动报酬应当符合前款规定。

8.2.2 派遣职工未经健康检查离职，用人单位未按程序辞退违法

【案件回放】

时间：2010 年 3 月

争议双方：1. 蔡某

2. 某劳务派遣公司

关键词：劳务派遣工，终止

【案件回放】

蔡某是北方××市郊区的农民，于 2006 年 8 月通过招工到市辖区的工厂从事除尘工作。2008 年 11 月 17 日，工厂与其解除了劳动关系，并支付了蔡某经济补偿金和社会保险费作为补偿。2009 年 3 月 17 日，蔡某与工厂委托的一家劳务派遣公司签订了劳动合同，蔡某虽然还在原来的单位工作，但身份却变成了劳务派遣工。蔡某与劳务派遣公司签订最后一份合同的期限为 2009 年 3 月 20 日至 2010 年 3 月 19 日。合同期满后劳务派遣公司与蔡某终止了劳动合同。蔡某认为，自己在工厂恶劣环境中工作了十几年，劳务派遣公司没有按国家规定对自己进行防治职业病体检，也没有为他缴纳医疗保险费。于是蔡某要求劳务派遣公司对其进行职业健康检查，补缴医疗保险，并向劳动仲裁委员会申诉确认劳务派遣公司解除劳动合同的行为无效。

【法律分析】

劳动仲裁委员会调查认为，用人单位和劳动者应依法参加社会保险，缴纳社会保险费。劳动合同期满，劳动合同即行终止。《职业病防治法》规定，对从事接触职业危害作业的劳动者，用人单位应当按照国家规定对其进行职业健康检查。对未进行离岗前职业健康检查的劳动者不得解除或终止其订立的劳动合同。

本案中，蔡某在 2009 年 3 月 20 日与劳务派遣公司签订劳动合同，劳务派遣公司没有为其缴纳医疗保险费，应依法予以补缴。蔡某与劳务派遣公司签订的劳动合同到期后，劳务派遣公司依法与其终止劳动合同，符合法律规定，但蔡某在工作期间劳务派遣公司未对其进行职业健康检查，违反国家法律规定。

劳动仲裁委员会最终裁决，劳务派遣公司对蔡某进行职业健康检查，检查费用由该公司据实报销。公司为蔡某补缴 2009 年 3 月至 2010 年 3 月医疗保险费。双方劳动关系延续至公司对蔡某进行职业健康检查时为止，期间公司按有关标准发给蔡某生活费。

【法律条文链接】

《劳动派遣暂行规定》

第九条 用工单位应当按照劳动合同法第六十二条规定，向被派遣劳动者提供与工作岗位相关的福利待遇，不得歧视被派遣劳动者。

第十二条 有下列情形之一的，用工单位可以将被派遣劳动者退回劳务派遣单位：

（一）用工单位有劳动合同法第四十条第三项、第四十一条规定情形的；

（二）用工单位被依法宣告破产、吊销营业执照、责令关闭、撤销、决定提前解散或者经营期限届满不再继续经营的；

（三）劳务派遣协议期满终止的。

被派遣劳动者退回后在无工作期间，劳务派遣单位应当按照不低于所在地人民政府规定的最低工资标准，向其按月支付报酬。

第十四条　被派遣劳动者提前30日以书面形式通知劳务派遣单位，可以解除劳动合同。被派遣劳动者在试用期内提前3日通知劳务派遣单位，可以解除劳动合同。劳务派遣单位应当将被派遣劳动者通知解除劳动合同的情况及时告知用工单位。

第十五条　被派遣劳动者因本规定第十二条规定被用工单位退回，劳务派遣单位重新派遣时维持或者提高劳动合同约定条件，被派遣劳动者不同意的，劳务派遣单位可以解除劳动合同。

被派遣劳动者因本规定第十二条规定被用工单位退回，劳务派遣单位重新派遣时降低劳动合同约定条件，被派遣劳动者不同意的，劳务派遣单位不得解除劳动合同。但被派遣劳动者提出解除劳动合同的除外。

第二十四条　用工单位违反本规定退回被派遣劳动者的，按照劳动合同法第九十二条第二款规定执行。

《劳动合同法》

第五十八条　劳务派遣单位是本法所称用人单位，应当履行用人单位对劳动者的义务。劳务派遣单位与被派遣劳动者订立的劳动合同，除应当载明本法第十七条规定的事项外，还应当载明被派遣劳动者的用工单位以及派遣期限、工作岗位等情况。

劳务派遣单位应当与被派遣劳动者订立二年以上的固定期限劳动合同，按月支付劳动报酬；被派遣劳动者在无工作期间，劳务派遣单位应当按照所在地人民政府规定的最低工资标准，向其按月支付报酬。

第五十九条　劳务派遣单位派遣劳动者应当与接受以劳务派遣形式用工的单位（以下称用工单位）订立劳务派遣协议。劳务派遣协议应当约定派遣岗位和人员数量、派遣期限、劳动报酬和社会保险费的数额与支付方式以及违反协议的责任。

用工单位应当根据工作岗位的实际需要与劳务派遣单位确定派遣期限，不得将连续用工期限分割订立数个短期劳务派遣协议。

第八十七条　用人单位违反本法规定解除或者终止劳动合同的，应当依照本法第四十七条规定的经济补偿标准的二倍向劳动者支付赔偿金。

第九十二条　违反本法规定，未经许可，擅自经营劳务派遣业务的，由劳动行政部门责令停止违法行为，没收违法所得，并处违法所得一倍以上五倍以下的罚款；没有违法所得的，可以处五万元以下的罚款。

劳务派遣单位、用工单位违反本法有关劳务派遣规定的，由劳动行政部门责令限期改正；逾期不改正的，以每人五千元以上一万元以下的标准处以罚款，对劳务派遣单位，吊销其劳务派遣业务经营许可证。用工单位给被派遣劳动者造成损害的，劳务派遣单位与用工单位承担连带赔偿责任。

8.3 劳务派遣管理的风险与防范

8.3.1 农民工岗前培训不合格,派遣单位也应承担培训费用

【案件回放】

时间:2011 年 6 月
争议双方:1. 关某
　　　　　2. 某派遣公司
关键词:签订,派遣

2011 年 6 月 11 日,农民工关某与一家派遣公司签订了一份培训服务协议,约定关某培训两个月,达到岗位水平与要求后,到公司报到上班,并由派遣单位向用工单位进行相关用工派遣;如未能达到标准要求,派遣公司将不予录用且培训费用由关某自行承担。关某遂垫付培训费用,前往派遣公司指定的培训点进行一般性学习。培训期满后,派遣公司以关某没能通过培训结业考试为由,拒绝录用并报销关某已垫付的培训费用。

关某认为派遣公司应该承担培训费用,将派遣公司告上法庭。当地法院审理认为,派遣公司虽可以拒绝录用但必须报销关某的培训费用,遂判决支持了关某要求派遣公司承担 3 740 元培训费用的诉讼请求。

【法律分析】

首先,为劳动者进行一般的岗前培训,是用人单位的法定义务。《劳动法》第六十八条规定:"用人单位应当建立职业培训制度,按照国家规定提取和使用职业培训经费,根据本单位实际,有计划地对劳动者进行职业培训。从事技术工种的劳动者,上岗前必须经过培训。"由是观之,对劳动者进行一般岗前培训(包括准备录用的人员),是用人单位的职责,也是劳动者的权利。

其次,关某与派遣公司关于不合格则培训费用自理的约定无效。《劳动合同法》规定,"违反法律、行政法规强制性规定"的劳动合同无效。关某与公司协议的违法性决定了在签订时虽为双方真实意思表示,但从一开始起,便对关某没有法律约束力。

再次,用人单位不得要求劳动者承担一般性岗前培训费用。《劳动合同法》规定:"用人单位为劳动者提供专项培训费用,对其进行专业技术培训的,可以与该劳动者订立协议,约定服务期。劳动者违反服务期约定的,应当按照约定向用人单位支付违约金。"即只有是在为劳动者提供了专项培训费用、培训的性质属专业技术培训、劳动者违反服务期约定的情况下,劳动者才应当承担相应责任。而关某被公司派去参加岗前培训,属于一般性的培训,并非专业技术培训,且双方没有约定服务期,关某也不存在违反约定问题,故公司不具备自己能够免责、可以要求关某自行担责的法定和约定事由,必须返还关某已垫付的培训费用。

【法律条文链接】

《劳动合同法》

第二十二条　用人单位为劳动者提供专项培训费用，对其进行专业技术培训的，可以与该劳动者订立协议，约定服务期。

劳动者违反服务期约定的，应当按照约定向用人单位支付违约金。违约金的数额不得超过用人单位提供的培训费用。用人单位要求劳动者支付的违约金不得超过服务期尚未履行部分所应分摊的培训费用。

用人单位与劳动者约定服务期的，不影响按照正常的工资调整机制提高劳动者在服务期期间的劳动报酬。

第二十六条　下列劳动合同无效或者部分无效：

（一）以欺诈、胁迫的手段或者乘人之危，使对方在违背真实意思的情况下订立或者变更劳动合同的；

（二）用人单位免除自己的法定责任、排除劳动者权利的；

（三）违反法律、行政法规强制性规定的。

对劳动合同的无效或者部分无效有争议的，由劳动争议仲裁机构或者人民法院确认。

《劳动派遣暂行规定》

第五十八条　劳务派遣单位是本法所称用人单位，应当履行用人单位对劳动者的义务。劳务派遣单位与被派遣劳动者订立的劳动合同，除应当载明本法第十七条规定的事项外，还应当载明被派遣劳动者的用工单位以及派遣期限、工作岗位等情况。

劳务派遣单位应当与被派遣劳动者订立二年以上的固定期限劳动合同，按月支付劳动报酬；被派遣劳动者在无工作期间，劳务派遣单位应当按照所在地人民政府规定的最低工资标准，向其按月支付报酬。

8.3.2　前员工指用工培训名不副实，服务公司索要赔偿遭败诉

【案件回放】

时间：2009 年 6 月

争议双方：1. 王某

　　　　　2. 南方 × × 事业单位（中职）

关键词：派遣，违约金

【案件回放】

王某 2009 年 7 月毕业后，与南方 × × 人力资源服务有限公司签约，为期 1 年，被外派进行培训。8 天之后，王某与人力资源公司签订培训协议，转入 × × 事业单位继续培训。2010 年 9 月，在与 × × 事业单位的劳动关系到期后，王某不愿再与 × × 事业单位签订派遣劳动合同。× × 人力资源服务有限公司于 2010 年 9 月 24 日发出退工单和劳动手册，并于 9 月 25

日发出通知，要求王某支付违约金20余万元，并申请当地仲裁委仲裁。

仲裁中，在××人力资源服务有限公司提供的为期1年的培训协议证据中，每年20万元左右的培训费条目中包括国内差旅费、住宿费、通讯费、交通费、办公室租金、日常办公易耗品费用、公司电脑折旧费、团队活动费等。同时，该培训中约定"1年的培训，培训后将成为具有高职业水准及高技术水准的技术工程师，成为行业精英。"

王某庭中陈述，××人力资源服务有限公司真正所谓的培训不过是安排了近一个月的培训课程，内容多为对技术工种的介绍。之后，他们就被送上岗位，开始在××事业单位进行现场技术服务，为单位需求提供技术支持等。而国家明确有法律规定，只有专项培训才可以被视为培训，专项培训要求被培训人员是在脱产或半脱产状态下在第三方接受以纯学习为目的的培训，专项培训要求第三方提供培训的发票证据。

仲裁委认为：由于王某是劳务派遣用工，用人单位不是专业培训机构，故对人力资源服务公司索要培训费用的请求不予支持。

【法律分析】

派遣人员与用人单位存在劳动关系，其两者是劳动合同的主体，在用人单位用工单位、派遣人员三方之间没有特别约定时，专项技术培训中的培训约定、服务期约定只能由用人单位与派遣人员相应约定。

同时，《劳动合同法》第六十二条第四项中规定，用工单位对派遣人员的岗位培训，具有一定的义务性。在本案中，××人力资源服务有限公司对派遣人员进行培训，如该培训是专项技术培训确需约定服务期和违约金时，用工单位在培训约定时必须满足以下条件：

(1)该培训应获得三方的一致同意；

(2)该培训必须是专项技术培训；

(3)有三方同意的书面合同/协议；

(4)专项技术培训费用必须是培训有关的直接费用；

(5)依据同工同酬的原则，用工单位正式工同样的培训是否存按相应的劳动报酬分配办法，支付统一标准的工资报酬。

否则不能认定为专项技术培训，不能向派遣人员收取培训费用或违约金。本案中，该培训应获得三方的一致同意把派遣人员熟悉岗位的培训作为"专项技术培训"以及把办公室租金、日常办公易耗品费用、办公设备折旧费等公司日常经营所需各项开支，即非培训直接费用也算作培训费用的做法与法相悖，当然这种采取偷换概念的做法是无法获得仲裁支持的。

综上所述，用工单位在对派遣人员进行工作培训时，应注意以下两个问题，第一，如是法定的岗位必要培训，是用工单位的法定义务，不得约定培训费用或违约金。第二，如确因工作需要进行专项技术培训，应与用人单位进行协商并签订相关专项技术培训合同/协议由用人单位出资培训，或获得派遣人员和用人单位的同意后，由用人单位委托用工单位代为培训，或者用人单位、用工单位和派遣人员三方对此专项技术培训达成共识。

【法律条文链接】

《劳动合同法》

第二十二条　用人单位为劳动者提供专项培训费用,对其进行专业技术培训的,可以与该劳动者订立协议,约定服务期。

劳动者违反服务期约定的,应当按照约定向用人单位支付违约金。违约金的数额不得超过用人单位提供的培训费用。用人单位要求劳动者支付的违约金不得超过服务期尚未履行部分所应分摊的培训费用。

用人单位与劳动者约定服务期的,不影响按照正常的工资调整机制提高劳动者在服务期期间的劳动报酬。

第六十二条　用工单位应当履行下列义务:

(一)执行国家劳动标准,提供相应的劳动条件和劳动保护;

(二)告知被派遣劳动者的工作要求和劳动报酬;

(三)支付加班费、绩效奖金,提供与工作岗位相关的福利待遇;

(四)对在岗被派遣劳动者进行工作岗位所必需的培训;

(五)连续用工的,实行正常的工资调整机制。

用工单位不得将被派遣劳动者再派遣到其他用人单位。

8.3.3　派遣单位单方解除合同,未通知工会构成违法解除

【案件回放】

时间:2012 年 5 月

争议双方:1. 龙某

2. ××劳务派遣公司

3. ××职业技术学校

关键词:派遣,旷工

2012 年 5 月 22 日龙某应聘到××市某劳务派遣公司,该公司一直将刘某派遣到当地××职业技术学校,从事技工工作。劳务派遣公司与龙某签订的最后一期劳动合同于 2014 年 5 月 21 日止,其与职业技术学校订立的派遣协议也于 2014 年 5 月 20 日止。2013 年 6 月 6 日职业技术学校以龙某连续旷工 3 天,严重违反规章制度为由将其退回劳务派遣公司。5 月 9 日,劳务派遣公司以龙某严重违反用工单位规章制度为由单方解除了与龙某的劳动合同,并于 5 月 9 日为龙某在社保部门办理了解除劳动关系手续。5 月 11 日,龙某向劳动争议仲裁委员会提出仲裁申请,以劳务派遣公司单方解除劳动合同,并未通知工会为由主张违法解除劳动合同的赔偿金,并主张职业技术学校位就此承担连带责任。仲裁委员会在其后的审理中查明:

(1)职业技术学校规章制度的制定符合民主程序要求,并已向龙某公示;

(2)龙某连续旷工三天的违纪行为属实,职业技术学校规章制度中对此有明确规定;

(3)劳务派遣公司组建工会且龙某是工会会员。

仲裁审理认为，用人单位单方面解除员工劳动合同，应依法通知工会，听取工会意见。现用人单位在已建立工会的情况下，未履行法定程序擅自单方解除劳动合同，即使在实体上，龙某确实存在旷工等不良违纪行为，也应依法规范操作。据此，依据《劳动合同法》第四十三条、第二十六条以及第八十七条之规定，用人单位程序违法，解除违法，龙某主张于法有据，其要求单位支付违法解除劳动合同的赔偿金本委予以支持。

【法律分析】

《劳动合同法》第四十三条、《工会法》第二十一条均明确确定，用人单位单方解除与劳动者的劳动合同，应事先将理由通知工会，工会认为违法，要求单位重新处理的，用人单位应当研究工会意见，并将处理结果书面通知工会。据此，单位单方解除员工劳动合同，在已成立工会时，通知工会是强制性程序，必须依法履行。否则，将构成违法解除。本案中，仲裁处理结果正确。

但在劳务派遣中，由于存在三方主体，三方关系，在工会管理中也相对复杂，比如存在以下情形时如何处理?

(1)用人单位没有工会，用工单位存在工会时，如派遣人员参加了用工单位的工会，用人单位在单方解除劳动合同时，应通知用工单位工会，听取用工单位工会意见。因法律或相关法规规章并没有规定，通知工会一定是“用人单位的工会”。此时，有的用人单位也会进一步询问，派遣人员参加了用工单位工会，在单方解除时，通知用工方工会没问题，但如果该员工没有参加用工方工会，用人单位在单方解除劳动合同时，是否仍要通知用工方工会呢？这确实是一个问题。但从法律规定上来看，单位单方解除员工劳动合同通知工会，并不是以该员工是工会会员为前提，即不论该员工是不是工会会员，用人单位在单方解除劳动合同时均应通知工会，工会也不能因该员不是本工会会员而拒绝发表意见等。因此，从这个角度分析，即使派遣人员没有成为用工单位工会会员，用人单位在单方解除与派遣人员的劳动合同前，也应通知用工单位工会。但这一块具体如何操作，建议相关部门能尽快明确为妥。

(2)用人单位和用工单位均没有工会，用人单位单方解除劳动合同如何处理？有相关人士主张应通知用人单位的上一级工会或行业工会履行通知义务。因《劳动合同法》中并没有明确规定“通知工会”一定是通知本单位的工会，所以向上一级或行业工会履行通知义务，在理论上并无不妥，但从实务操作上来讲，工作量巨大，操作不方便，不经济。实务中，因两单位均无工会，用人单位不通知上一级工会，仲裁法院在裁决时持肯定态度。

同时，用工单位在适用相关法律时，一定要结合本地的法规、规章以及相关政策，不能生搬套用，以免操作失误。

《最高人民法院关于审理劳动争议案件适用法律若干问题的解释(四)》，对用人单位单方解除合同未通知工会是否需要赔偿问题作了明确的解释。概括地讲，采信了“补正有效”的做法，即在“起诉前”及时补正视为不违法，否则视为违法解除。对此，结合本案来讲，该案如若发生在2013年本司法解释实施之后，且用人单位在派遣人员或本单位向人民法院起诉前进行积极“补正”后，该用人单位的单方解除将不构成违法解除，而此时派遣人员的相应主张人民法院将不再支持，但本案实际发生于2012年，故用人单位属于违法解除。

【法律条文链接】

《最高人民法院关于审理劳动争议案件适用法律若干问题的解释(四)》

第十二条　建立了工会组织的用人单位解除劳动合同符合劳动合同法第三十九条、第四十条规定,但未按照劳动合同法第四十三条规定事先通知工会,劳动者以用人单位违法解除劳动合同为由请求用人单位支付赔偿金的,人民法院应予支持,但起诉前用人单位已经补正有关程序的除外。

《劳动合同法》

第二十六条　下列劳动合同无效或者部分无效:

(一)以欺诈、胁迫的手段或者乘人之危,使对方在违背真实意思的情况下订立或者变更劳动合同的;

(二)用人单位免除自己的法定责任、排除劳动者权利的;

(三)违反法律、行政法规强制性规定的。

对劳动合同的无效或者部分无效有争议的,由劳动争议仲裁机构或者人民法院确认。

第四十三条　用人单位单方解除劳动合同,应当事先将理由通知工会。用人单位违反法律、行政法规规定或者劳动合同约定的,工会有权要求用人单位纠正。用人单位应当研究工会的意见,并将处理结果书面通知工会。

第八十七条　用人单位违反本法规定解除或者终止劳动合同的,应当依照本法第四十七条规定的经济补偿标准的二倍向劳动者支付赔偿金。

8.3.4　强令派遣员工违章作业,用工单位承担违约责任

【案件回放】

时间:2013 年 7 月

争议双方:1. 胡某

　　　　　2. 南方××劳务派遣公司

　　　　　3. ××市职业技术学校

关键词:派遣,辞职

2013 年 7 月,胡某经南方××劳务派遣公司指派到××市职业技术学校给该校新建造的大楼安装设备,××市职业技术学校又把这项工程委托给了一个无安拆资质的包工头。在作业过程中由于安装人员无经验的违章操作可能造成作业人员死伤。实际施工人员胡某当即向包工头和作业的工人说明情况,要求停止作业。可工头强令作业,胡某联合工人立即向工头集体辞职。在经济补偿问题上及辞职的合法性上,派遣公司与胡某等发生争议。本案争议的焦点:用工单位强令违章、违规作业派遣工可否直接向用工单位辞职?

【法律分析】

违章作业即违反相关规定、章程、政府法令和国家法律法规的异常工作状态。虽然根

据《劳动合同法》规定，劳务派遣单位是本法所称用人单位，应当履行用人单位对劳动者的义务。劳动派遣具有劳务派遣机构与派遣劳工订立劳动合同，由派遣劳工向用工单位给付劳务，劳动合同关系存在于劳务派遣机构与派遣劳工之间，但劳动力给付的事实则发生派遣劳工与用工单位之间的特点。可根据《劳动合同法》的相关规定，被派遣劳动者可以依照本法第三十六条、第三十八条的规定与劳务派遣单位解除劳动合同。其行为可以视为与劳务派遣单位解除劳动合同。

【法律条文链接】

《劳动合同法》

第三十八条 用人单位有下列情形之一的，劳动者可以解除劳动合同：

（一）未按照劳动合同约定提供劳动保护或者劳动条件的；

（二）未及时足额支付劳动报酬的；

（三）未依法为劳动者缴纳社会保险费的；

（四）用人单位的规章制度违反法律、法规的规定，损害劳动者权益的；

（五）因本法第二十六条第一款规定的情形致使劳动合同无效的；

（六）法律、行政法规规定劳动者可以解除劳动合同的其他情形。

用人单位以暴力、威胁或者非法限制人身自由的手段强迫劳动者劳动的，或者用人单位违章指挥、强令冒险作业危及劳动者人身安全的，劳动者可以立即解除劳动合同，不需事先告知用人单位。

第四十六条 用人单位以暴力、威胁或者非法限制人身自由的手段强迫劳动者劳动的，或者用人单位违章指挥、强令冒险作业危及劳动者人身安全的，劳动者可以立即解除劳动合同，不需事先告知用人单位。因此解除劳动合同，用人单位应当向劳动者支付经济补偿。

第六十五条 被派遣劳动者可以依照本法第三十六条、第三十八条的规定与劳务派遣单位解除劳动合同。

被派遣劳动者有本法第三十九条和第四十条第一项、第二项规定情形的，用工单位可以将劳动者退回劳务派遣单位，劳务派遣单位依照本法有关规定，可以与劳动者解除劳动合同。

8.3.5 退回派遣工不签章，解约无据被判赔偿

【案件回放】

时间：2013 年 8 月 3 日

争议双方：1. 刘某

2. 南方××派遣公司

关键词：解除，赔偿金

刘某系济南方××市劳务派遣公司职工,被派遣至周边城市的一家事业单位工作。2013 年 8 月 3 日,刘某被单位退回,劳务派遣公司遂以刘某违反用工单位的劳动规章制度为由,与其解除了劳动合同。事后刘某为此提起诉讼,要求劳务派遣公司支付违法解除劳动合同的赔偿金。

审理过程中,劳务派遣公司提交的自身并未违法解除员工合同的证据,是事业单位的解聘审批表一份。该解聘审批表载明,退回刘某的原因为,刘某在该事业单位不服从部门主任安排的工作,在单位办公时间进行争吵,在单位内部影响非常不好。但该解聘审批表未加盖事业单位的公章。

当地法院经审理后认为:劳务派遣公司依据该事业单位提供的解聘审批表与刘某解除劳动合同,但该解聘审批表未加盖单位公章,劳务派遣公司也未能提供单位将刘某退回的相关证据,故劳务派遣公司以刘某违反用工单位的劳动规章制度为由与刘某解除劳动合同,证据不足。刘某要求劳务派遣公司支付赔偿金的请求,理由正当,应予支持。

【法律分析】

现实中,用人单位在处理用工单位用工退回时,一定要认真处理审核退工程序,必须要求用工单位提供有效的两证:一是退工证明,证明员工确定收到;二是退工通知单,证明用工单位的退工依据、内容以及相关退工工作的交接情况。否则,因用人单位方原因造成的不利后果,依法由用人单位方自行承担。

【法律条文链接】

《劳动派遣暂行规定》

第十四条 被派遣劳动者提前 30 日以书面形式通知劳务派遣单位,可以解除劳动合同。被派遣劳动者在试用期内提前 3 日通知劳务派遣单位,可以解除劳动合同。劳务派遣单位应当将被派遣劳动者通知解除劳动合同的情况及时告知用工单位。

第十五条 被派遣劳动者因本规定第十二条规定被用工单位退回,劳务派遣单位重新派遣时维持或者提高劳动合同约定条件,被派遣劳动者不同意的,劳务派遣单位可以解除劳动合同。

被派遣劳动者因本规定第十二条规定被用工单位退回,劳务派遣单位重新派遣时降低劳动合同约定条件,被派遣劳动者不同意的,劳务派遣单位不得解除劳动合同。但被派遣劳动者提出解除劳动合同的除外。

8.3.6 劳务派遣工被违法退回,违法退回工资按原约定支付

【案件回放】

时间:2010 年 6 月

争议双方:1. 夏某

2. ××市劳务派遣公司

关键词:违纪,仲裁

夏某与××市劳务派遣公司于2010年6月13日签订了两年期的劳动合同,合同中约定:劳务派遣公司派遣夏某至某研究所材料部门工作,夏某的工资由夏某与研究所协商确定,每月为6 800元。2010年7月21日,研究所向夏某发出书面《解除用工通知书》,理由是:夏某把单位电子邮箱内的邮件发送至其私人电子邮箱。次日,劳务派遣公司收到用工单位将夏某退回的书面《退工通知单》后,当即以严重违纪解除了夏某的劳动合同。夏某承认把邮件发到了私人邮箱,但强调研究所没有任何规定禁止此行为。但劳务派遣公司对此申诉并不认可。夏某遂向劳务派遣公司所在地的劳动争议仲裁委员会申请仲裁,要求恢复与劳务派遣公司的劳动关系,并要求劳务派遣公司按照6 800元/月的标准支付自解除劳动合同至劳动关系恢复期间的工资。

仲裁委审理后认为,劳务派遣公司在与夏某劳动合同中对公司邮件私发个人邮箱的行为并没作严重违纪的相应约定。同时,研究所提供的相应规章制度中,也未把研究所邮件私发个人邮箱界定为严重违纪。据此,研究所处将派遣员工退回劳务派遣公司以及劳务派遣公司解除夏某的劳动关系依据不足,劳务派遣公司的行为构成违法解除。夏某要求恢复劳动关系及按原标准支付恢复期间工资于法有据,本委予以支持。

【法律分析】

根据《劳动合同法》相关规定,劳动者严重违反用人单位规章制度的,用人单位可以解除劳动合同。被派遣劳动者有本法相关规定情形,用工单位可以将劳动者退回劳务派遣单位,劳务派遣单位相应也可以按劳动合同约定,据此与劳动者解除劳动合同。

因此,本案中为证明夏某“严重违纪”,用工方必须提供充分有效的证据。但事实上,研究所的规章制度中并没有把“把单位邮件发送至私人邮箱”的行为界定为“严重违纪”,另外,该制度也未履行任何的员工告知手续。同时,派遣公司与夏某的劳动合同中对严重违纪的约定也并没有“单位邮件发到私人邮件”的情形。对此研究所以“严重违纪”为由将夏某退回劳务派遣公司的行为属违法,而劳务派遣公司以此为由解除夏某劳动合同的行为亦是同样违法。

现实中,近年来很多企、事业单位采取劳务派遣的用工方式来提高工作效率,优化管理,同时也不可否认,劳务派遣在扩大就业等方面确实也功不可没。然而,劳务派遣过程中也出现了一些新问题、新矛盾,其中,劳务派遣工被用工单位任意违法退回就是一种。司法界通常采用“区别对待的原则”进行处理,即如果劳动者的派遣期限届满或者劳动者有《劳动合同法》相关法定退回情形,被用工单位合法退回的。此种情况下,劳务派遣单位可以派遣劳动者至其他用工单位工作。劳动者被退回至派遣到新用工单位的期间应理解为“被派遣劳动者在无工作期间”,该期间的工资由派遣公司按所在地最低工资支付,当然,劳动考与派遣人员另有约定且约定标准高于最低工资的,按双方约定执行。但是应当特别注意的是,如果用工单位违法解除与被派遣员工的用工关系,将其退回劳务派遣单位,此“无工作期间”,对劳动者来说,是不得已而被动接受的结果,其合法权益遭到了侵害,因此,这样的状态不应被认定为法律意义上的“无工作期间”。该期间工资应按退回前原工资标准支付,以彰显公平与正义。

【法律条文链接】

《劳动合同法》

第三十九条 劳动者有下列情形之一的，用人单位可以解除劳动合同：

（一）在试用期间被证明不符合录用条件的；

（二）严重违反用人单位的规章制度的；

（三）严重失职，营私舞弊，给用人单位造成重大损害的；

（四）劳动者同时与其他用人单位建立劳动关系，对完成本单位的工作任务造成严重影响，或者经用人单位提出，拒不改正的；

（五）因本法第二十六条第一款第一项规定的情形致使劳动合同无效的；

（六）被依法追究刑事责任的。

第四十条 有下列情形之一的，用人单位提前三十日以书面形式通知劳动者本人或者额外支付劳动者一个月工资后，可以解除劳动合同：

（一）劳动者患病或者非因工负伤，在规定的医疗期满后不能从事原工作，也不能从事由用人单位另行安排的工作的；

（二）劳动者不能胜任工作，经过培训或者调整工作岗位，仍不能胜任工作的；

（三）劳动合同订立时所依据的客观情况发生重大变化，致使劳动合同无法履行，经用人单位与劳动者协商，未能就变更劳动合同内容达成协议的。

第六十五条 被派遣劳动者可以依照本法第三十六条、第三十八条的规定与劳务派遣单位解除劳动合同。

被派遣劳动者有本法第三十九条和第四十条第一项、第二项规定情形的，用工单位可以将劳动者退回劳务派遣单位，劳务派遣单位依照本法有关规定，可以与劳动者解除劳动合同。

《劳动派遣暂行规定》

第十四条 被派遣劳动者提前 30 日以书面形式通知劳务派遣单位，可以解除劳动合同。被派遣劳动者在试用期内提前 3 日通知劳务派遣单位，可以解除劳动合同。劳务派遣单位应当将被派遣劳动者通知解除劳动合同的情况及时告知用工单位。

第十五条 被派遣劳动者因本规定第十二条规定被用工单位退回，劳务派遣单位重新派遣时维持或者提高劳动合同约定条件，被派遣劳动者不同意的，劳务派遣单位可以解除劳动合同。

被派遣劳动者因本规定第十二条规定被用工单位退回，劳务派遣单位重新派遣时降低劳动合同约定条件，被派遣劳动者不同意的，劳务派遣单位不得解除劳动合同。但被派遣劳动者提出解除劳动合同的除外。

8.3.7 丢失职工人事档案，原单位赔偿9万

【案件回放】

时间：2010年9月
争议双方：1. 龙某
2. ××市中职事业单位
关键词：人事档案，赔偿

龙某原是××市中职事业单位的正式职工，2009年11月因打架斗殴被劳动教养，单位随之与他解除了劳动关系。2010年，龙某在办理求职证时，发现原工作单位并没有按规定把他的人事档案转移到他的户口所在地。龙某找到原单位，被告知他的人事档案找不到了。由于没有人事档案，2010年12月1日，社保部门停止了龙某社会养老保险的补交办理手续。由于自己的社会保障无望，龙某遂起诉至法院，要求原工作单位赔偿其各种损失15万余元。

当地法院审理认为，人事档案是公民取得就业资格、缴纳社会保险、享受相关待遇所应具备的重要凭证。档案的存在以及其记载的内容对公民的生活有重大影响。被告××市中职事业单位将龙某开除并与其解除劳动关系后，未将其人事档案按照国家政策规定，及时予以转出，造成档案遗失，影响了龙某今后就业及享受相关待遇，给其取得相关利益造成了可预见的损失，将龙某人事档案丢失的××市中职事业单位应当依法承担赔偿责任。据此，依法判令龙某原来的工作单位一次性赔偿龙某各项损失9万元。

【法律分析】

我国《企业职工档案管理工作规定》明确规定：企业职工档案是企业劳动、组织、人事等部门在招用、调配、培训、考核、奖惩、选拔和任用等工作中形成的有关职工个人经历、政治思想、业务技术水平、工作表现以及工作变动等情况的文件材料，是历史地、全面地考察职工的依据，是国家档案的组成部分。关于职工档案的转递，国家要求：企业职工调动、辞职、解除劳动合同或被开除、辞退等，应由职工所在单位在15天内依法将其档案转交其新的工作单位或其户口所在地的街道劳动（组织、人事）部门。我国《档案法》第三条指出：一切国家机关、武装力量、政党、社会团体、企业事业单位和公民都有保护档案的义务。

综上分析，企业必须依法保管好职工的个人人事档案。在本案中，龙某虽然与企业解除了劳动关系，但这家建筑公司却没有按规定将龙某的档案进行移交或进行妥善保管。从员工来讲，龙某虽然得到9万元赔偿，但对于个人生活来讲，恐怕也难解决长远问题，对于用人单位来说，因一名职工档案丢失就赔偿六万元，从成本上来看也是一项不小的开支。

【法律条文链接】

《劳动合同法》

第五十条 用人单位应当在解除或者终止劳动合同时出具解除或者终止劳动合同的证明，并在十五日内为劳动者办理档案和社会保险关系转移手续。

劳动者应当按照双方约定,办理工作交接。用人单位依照本法有关规定应当向劳动者支付经济补偿的,在办结工作交接时支付。

用人单位对已经解除或者终止的劳动合同的文本,至少保存二年备查。

《企业职工档案管理工作规定》

第五条　职工档案由所在企业的劳动(组织人事)职能机构管理。实行档案综合管理的企业单位,档案综合管理部门应设专人管理职工档案。

8.3.8　劳务中介机构与劳务派遣公司的用工区别

【案件回放】

时间:2011 年 5 月

争议双方:1. 米某

2. ××市××工程研究所

3. 街道劳动服务所

关键词:劳务派遣,中介服务

2011 年 5 月,××工程研究所在所在地区区街道劳动服务所订立协议,由街道劳务所派遣临时工 5 名,由××工程研究所按照每人每月 1 500 元标准支付劳务所费用,劳务所对员工进行人事管理并发放劳动报酬。米某由劳务所按此协议派至该公司工作,工资由劳务所发放。后米某在工作中右腿及右胯骨被压伤,被鉴定为八级伤残。伤愈以后米某要求重新安排工作,支付工资等未果,遂发生劳动争议。米某要求劳动争议仲裁机构裁令街道劳务所重新安排工作、支付工资等。但街道劳务所称,该所只是隶属于街道办事处的一个职业介绍机构,业务范围为本市劳动力就业中介服务,其与米某无劳动关系,故不存在为米某安排工作等义务。××市××工程研究所则表示,研究所已经按照工伤待遇标准承担了米某的一切费用和生活补偿金,不接受米某的其他主张。

【法律分析】

本案的焦点在于米某与××工程研究所之间存在劳动关系还是与街道劳务所存在劳动关系。由于劳动合同法规定用工单位和派遣单位承担连带责任,用工单位使用劳务派遣这一形式用工时,首先要做的就是选择一家合适的派遣机构。对派遣机构最基本的要求就是具备法定的资质,即派遣机构依法建立并具有从事劳务派遣的业务范围。用工单位一旦选择了不具有资质及合格主体的劳务派遣机构,则存在用工风险,司法实践中常常在此种情况下认定用工单位与劳动者之间存在劳动关系。本案例中的仲裁机构裁决认定为劳务所业务范围为劳动力就业中介服务,不具有从事派遣业务的资格,认定米某与××工程研究所存在事实劳动关系,××工程研究所需要承担用人单位义务。

【法律条文链接】

《劳动合同法》

第五十七条　经营劳务派遣业务应当具备下列条件：

（一）注册资本不得少于人民币二百万元；

（二）有与开展业务相适应的固定的经营场所和设施；

（三）有符合法律、行政法规规定的劳务派遣管理制度；

（四）法律、行政法规规定的其他条件。

经营劳务派遣业务，应当向劳动行政部门依法申请行政许可；经许可的，依法办理相应的公司登记。未经许可，任何单位和个人不得经营劳务派遣业务。

第五十八条　劳务派遣单位是本法所称用人单位，应当履行用人单位对劳动者的义务。劳务派遣单位与被派遣劳动者订立的劳动合同，除应当载明本法第十七条规定的事项外，还应当载明被派遣劳动者的用工单位以及派遣期限、工作岗位等情况。

劳务派遣单位应当与被派遣劳动者订立二年以上的固定期限劳动合同，按月支付劳动报酬；被派遣劳动者在无工作期间，劳务派遣单位应当按照所在地人民政府规定的最低工资标准，向其按月支付报酬。

《劳动派遣暂行规定》

第二十条　劳务派遣单位、用工单位违反劳动合同法和劳动合同法实施条例有关劳务派遣规定的，按照劳动合同法第九十二条规定执行。

参考文献

[1] 陈洪安,费鸿萍,董临萍,等. 人力资源管理[M]. 上海:华东理工大学出版社, 2009.
[2] 汤向东. 人力资源风险管理[M]. 广州:广东高等教育出版社, 2013.
[3] 程向阳. 人力资源管理风险点提示与规避[M]. 北京:北京大学出版社, 2012.
[4] 贺清君. 人力资源常见管理问题解决方案及风险防范[M]. 北京:中国法制出版社, 2013.
[5] 刘明辉,汪寿成. 人力资源内部控制与风险管理[M]. 大连:大连出版社, 2010.
[6] 黄麟. 人力资源管理外包的风险控制[M]. 北京:新华出版社, 2015.
[7] 陈永权,张桂芳,李中斌. 人力资源风险管理理论与实证研究[M]. 北京:光明日报出版社, 2015.
[8] 刘大卫. 人力资源管理中的风险防范[M]. 上海:上海交通大学出版社, 2013.
[9] 秦璐,王国颖. 人力资源管理[M]. 广州:中山大学出版社, 2006.
[10] 王旭东. 最新企业人力资源管理法律风险防范与实务操作指南[M]. 北京:法律出版社, 2015.
[11] 何立. 人力资源风险控制与管理[M]. 北京:人民邮电出版社, 2014.
[12] 李剑锋,王珺之. 人力资源管理十大误区[M]. 北京:中国经济出版社, 2004.
[13] 曹嘉晖,张建国. 人力资源管理[M]. 成都:西南财经大学出版社, 2009.
[14] 徐伟. 人力资源管理工具箱[M]. 北京:中国铁道出版社, 2013.
[15] 王晓春. 人力资源管理概论[M]. 北京:化学工业出版社, 2008.
[16] 李冰,李维刚. 人力资源管理[M]. 北京:清华大学出版社, 2009.
[17] 杨文健. 人力资源管理[M]. 北京:科学出版社, 2007.
[18] 汤向东. 人力资源风险管理[M]. 广州:广东高等教育出版社, 2013.
[19] 程向阳,颜德军,冯筱珩,等. 人力资源操作与风险规避指引手册[M]. 北京:北京大学出版社, 2011.
[20] 李宝元. 人力资源管理案例教程[M]. 北京:人民邮电出版社, 2002.
[21] 史保东. 高校人力资源管理[M]. 沈阳:辽宁大学出版社, 2009.
[22] 赵普光. 中国高校人力资源管理制度研究[M]. 北京:社会科学文献出版社, 2010.
[23] 熊卫平. 高校人力资源管理与开发研究[M]. 长沙:湖南师范大学出版社, 2009.
[24] 杨艳东. 高校人力资源管理创新机制研究[C]. 郑州:郑州轻工业学院, 2004.
[25] 任忠惠. 高校人力资源管理机制创新问题研究[D]. 西安:西安科技大学, 2005.
[26] 关云飞. 高校教师人力资源管理模式创新研究[M]. 长沙:中南大学出版社, 2009.
[27] 刘诚芳. 现代高校教师人力资源管理[M]. 北京:民族出版社, 2007.
[28] 北京高校后勤研究会"构建高校后勤和谐用工环境"课题组. 高校后勤人力资源开发与管理实务[M]. 北京:北京交通大学出版社, 2008.
[29] 冯希哲,李民,张弘. 高校现代人力资源管理研究[M]. 西安:陕西人民出版社, 2007.

[30] 邹敏. 高校人力资源研究[M]. 成都:西南交通大学出版社, 2004.
[31] 王兰云. 人力资源管理[M]. 北京:经济科学出版社, 2009.
[32] 吴立宏. 企业人力资源管理法律实务应用全书[M]. 北京:中国法制出版社,2010.
[33] 詹德强. 最新劳动争议处理实务指引[M]. 北京:中国法制出版社,2012.
[34] 葛玉辉. 新劳动合同法实用解析[M]. 北京:经济管理出版社, 2008.
[35] 程延园. 劳动合同法教程[M]. 北京:首都经济贸易大学出版社, 2009.
[36] 邢金昌.《劳动合同法》及实施条例操作指南[M]. 杭州:浙江人民出版社, 2008.